회화를 살리는
영어표현
1300

영어교재연구원 엮음

도서출판 예가

CONTENTS

영어표현 완전정복

UNIT 001 왕기초 영어표현 8
UNIT 002 한 단어로 바꾸어 쓸 수 있는 영어표현 20
    연습문제 28
    쉬어가는 코너 – 영단어 퍼즐 1 30

UNIT 003 형용사 · 과거분사 역할을 하는 영어표현 32
UNIT 004 동사 역할을 하는 영어표현 60
    연습문제 160
    쉬어가는 코너 – 영단어 퍼즐 2 162

UNIT 005 부사 역할을 하는 영어표현 164
UNIT 006 전치사 역할을 하는 영어표현 225
    연습문제 236
    쉬어가는 코너 – 영단어 퍼즐 3 238

UNIT 007 접속사 역할을 하는 영어표현 240
UNIT 008 수량을 나타내는 영어표현 248
    연습문제 256
    쉬어가는 코너 – 영단어 퍼즐 4 258

UNIT 009　같은 뜻을 지닌 영어표현　260
UNIT 010　다른 뜻을 지닌 영어표현　296
　　　　　연습문제　314
　　　　　쉬어가는 코너 – 영단어 퍼즐 5　316

UNIT 011　상관어구와 성구의 영어표현　318
UNIT 012　영작문에 잘 나오는 영어표현　335
　　　　　연습문제　346
　　　　　쉬어가는 코너 – 영단어 퍼즐 6　348

연습문제와 영단어 퍼즐 해답　350

이책의 활용방법

중요 1300 영어표현으로 구성

두 단어 이상으로 이루어진 문장 중에는 각 단어의 기본적인 의미로는 전체 의미를 알기 어렵거나 직역했을 때 어색한 경우가 많다. 때문에 이러한 표현들은 많이 접하고 외우는 수밖에 달리 뾰족한 방법이 없다. 이 책은 중요 표현들을 왕기초부터 영작문에 잘 나오는 표현들까지 단순 나열이 아닌 능률적으로 암기할 수 있고 오래 기억에 남을 수 있도록 알차게 구성하였다.

예문을 통해 실력 향상하기

간단하고 기본적인 어휘에서 출발하여 다양한 예문으로 쓰임과 활용을 확인한다. 작문은 꾸준한 훈련이 필요하기 때문에 해당 표현을 어떻게 writing할 것인지 생각해 보고 간단한 문장부터 시작해 본다. 예문은 작문 실력의 기초가 되기 때문에 오늘 공부한 어휘와 예문을 이용하여 일기를 써 보는 것도 좋은 방법이다.

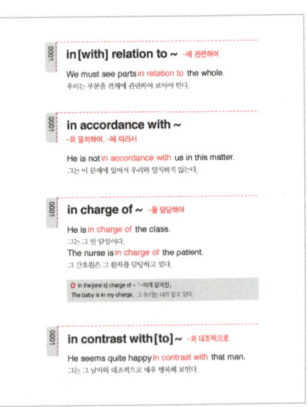

연습문제로 실력 확인하기

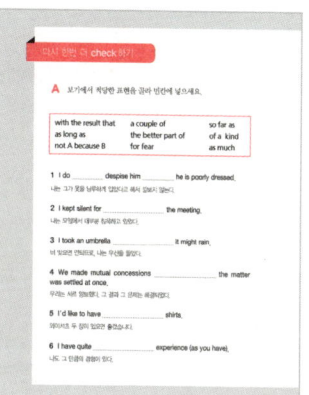

어휘력은 단어를 적재적소에 사용할 수 있고 추론할 수 있는 능력을 포함하기 때문에 연습문제를 통해 자신이 공부한 것을 확인하는 과정이 꼭 필요하다. 괄호 넣기 문제로 전체 문장을 얼마나 이해했는지, 어떻게 활용되는지 알아보고 문맥을 고려한 자연스러운 해석이 가능한지를 체크한다. 또한 같은 뜻을 가진 단어를 연결해 보면서 자신의 어휘력을 가늠해 본다.

쉬어가는 코너 영어퍼즐

암기는 반복을 통한 기계적 학습과 의미적 연결고리를 이해하며 외우는 논리적 학습으로 나눌 수 있다. 영어 퍼즐은 단순하지만 암기와 재미, 실력 확인과 논리적 접근 등 반복 학습의 부담을 덜어 주는 방법으로 편안한 마음으로 풀어 본다.

English expression

영어표현 완전정복

UNIT 001 왕기초 영어표현

여기 소개한 영어 표현은 중학생 시절에 이미 배운 것들입니다. 복습을 겸해서 훑어보십시오. 혹시 잊어버린 것이 있을지 모릅니다. 지극히 자주 등장하는 것이니만큼 반드시 알아야 합니다.

0001 **a few** 소수의

A few people were in the room.
그 방에 두, 세 명이 있었다.

0002 **a kind of** 일종의

It is a kind of orange.
그것은 오렌지의 일종이다.

0003 **a little** 소량의

As I had a little money with me, I was able to buy the book.
조금 가진 돈이 있으므로, 나는 그 책을 살 수 있었다.

0004 **a lot [lots] of** 많은

A lot of boys are running.
많은 소년들이 달리고 있다.

0005
a pair of 한 쌍의
A pair of gloves makes a nice present.
장갑은 좋은 선물이 된다.

0006
a piece of 한 조각의, 한 개의
We shared a piece of cake together.
우리는 케이크 한 조각을 나누어 먹었다.

0007
after all 결국
They got married after all.
그들은 결국 결혼했다.

0008
as ~ as … …만큼 ~하게
Jack works as hard as his brother.
잭은 그의 형 만큼 열심히 일한다.
This car can go as fast as 100 kilometers an hour.
이 차는 시속 100 킬로미터로 달린다.

0009
as ~ as possible 가능한 ~하게
Throw the ball as far as possible.
그 공을 가능한 한 멀리 던져라.

0010

as far as ~ ~까지는

I went as far as Daegu by train.
나는 기차를 타고 대구까지 갔다.

0011

as if [though] 마치 ~처럼

He talks as if he knew everything about show business.
그는 연예계의 일이라면 무엇이든 아는 것처럼 얘기한다.

0012

as well as ~과 마찬가지로, 게다가, ~에 못지않게

Tom can skates as well as any of his brothers.
탐은 그의 형제 누구 못지않게 스케이트를 잘 탄다.

0013

ask for ~ ~을 구하다(요청하다)

He asked for my advice.
그는 나의 조언을 구했다.

0014

at the back of ~ ~의 뒤에

There is an appendix at the back of the book.
그 책의 뒤에 부록이 있다.

0015 be able to ~ ~할 수 있다

She is able to skate.
그녀는 스케이트를 탈 수 있다.

> 반의표현 : be unable to~ ~할 수 없다

0016 be afraid of ~ ~을 두려워하다

He is afraid of death.
그는 죽음을 두려워한다.

0017 be careful of ~

❶ ~을 주의하다 ❷ ~을 소중히 하다

You should be very careful of your health.
자신의 건강에 주의해야 한다.

0018 be different from ~

~와 다르다

This is different from what I expected.
이것은 내가 생각했던 것과 다르다.
That car is different from this one only in color.
저 차는 이것과 색깔만 다르다.

0019 be fond of ~ ~을 좋아하다

He is very fond of dogs.
그는 개를 무척 좋아한다.

0020 be going to ~
~을 하려고 하다, (~할) 작정이다

What are you going to do here?
너는 여기서 무엇을 하려고 하나?

0021 be good at ~ ~을 잘하다

Tom is good at chemistry, but poor in physics.
탐은 화학을 잘하지만, 물리는 약하다.

0022 be interested in ~
~에 흥미가 있다

Dora is very interested in music.
도라는 음악에 매우 흥미가 있다.

0023 be pleased to ~ 기꺼이 ~하다

I shall be pleased to see you tomorrow.
나는 내일 너를 기꺼이 만날 것이다.

0024 be surprised at ~ (~을 보고, 듣고) 놀라다

We were very surprised at the news.
우리는 그 소식을 듣고 매우 놀랐다.

0025 both A and B A와 B 양쪽 모두

Both he and his brother are still alive.
그와 그의 동생 모두 아직 살아있다.

0026 catch (a) cold 감기가 들다

I often catch (a) cold in winter.
나는 겨울에 자주 감기에 걸린다.

> ● have a cold도 같은 의미임
> I had a bad cold last week. 나는 지난주에 지독한 감기에 걸렸다.

0027 come back 돌아오다

He will soon come back.
그는 곧 돌아올 것이다.

0028 come in 들어오다

May I come in? 들어가도 괜찮습니까?
Come in (out of the rain).
(비를 피해) 안으로 들어오세요.

0029 each other 서로

We love each other.
우리는 서로 사랑한다.

0030 either A or B A나 B 어느 한 쪽

She cannot speak either French or German.
= She can speak neither French nor German.
그녀는 프랑스어나 독일어 어느 한쪽도 말하지 못한다.

0031 for a while 잠시 동안

Be patient for a while.
잠시 동안 참아라.

0032 for example 예를 들면

Many animals have good hearing. Dogs, for example, can hear much better than we can.
많은 동물은 청각이 좋다. 예를 들어, 개는 인간보다 훨씬 더 잘 듣는다.

0033 go to bed 잠자리에 들다

It's time you went to bed.
너는 이제 잠잘 시간이다.

0034 **in fact** 실제로, 사실상

He is the president of the company in fact, but not in name.
그는 사실상 그 회사의 사장이지만, 명목상은 그렇지 않다.

0035 **in front of ~** ~의 앞에

I stood in front of the teacher's desk.
나는 선생님 책상 앞에 서 있었다.

There are many convenience facilities in front of my house.
우리집 앞에는 많은 편의 시설들이 있다.

0036 **in order to ~** ~하기 위해, ~할 목적으로

I got up early in order to catch the first train.
나는 첫차를 타기 위해 일찍 일어났다.

She arrived early in order to get a good seat.
그녀는 좋은 자리를 잡기 위해 일찍 도착했다.

0037 **listen to ~** ~을 듣다, 경청하다

They were listening to the radio.
그들은 라디오를 듣고 있었다.

0038 most of ~ ~의 대부분

Most of them are camping.
그들 대부분은 야영하고 있다.

> 뒤에 대명사나 「the+명사」가 올 때에 of가 붙는다. 한편, most of에 이어지는 명사가 단수형인 때에는 most는 단수 취급하고, 복수형인 때에는 복수 취급을 한다.
> Most of the passenger**s were** killed in the accident.
> 그 사고로 승객의 대부분이 사망했다.

0039 neither A nor B A도 B도 아니다

It is **neither** blue **nor** green.
그것은 청색이나 녹색도 아니다.

0040 not ~ all [every] 전부가 ~인 것은 아니다

I don't like **all** these pictures. ↗
이 사진 모두를 좋아하는 것은 아니다. 〈부분 부정〉
I don't like **all** these pictures. ↘
= I dislike all these pictures.
이 사진 모두를 좋아하지 않는다.

0041 not ~ any longer

이미 ~ 아니다, 더 이상 ~ 아니다

I can't trust the man **any longer**.
나는 그 남자를 더 이상 믿을 수 없다.

0042 **of course** 물론

Of course no one believes what he said.
물론 그의 말은 아무도 믿지 않는다.

0043 **one another** 서로

They were helping one another in their work.
그들은 서로 도우며 일하고 있었다.

> ● 3명 이상인 경우에는 one another, 2명인 경우에는 each other를 쓰는 것이 원칙이지만 반드시 지켜지는 것은 아니다.

0044 **one day**

어느 날(과거의 특정날이나 미래의 어느 시기)

Walking in my garden one day, I found a strange flower blooming.
정원을 걷고 있던 어느 날, 나는 낯선 꽃이 피어 있는 것을 보았다.
When one day you will succeed.
언젠가 너는 성공할 것이다.

0045 **over here** 이쪽으로

A car is approaching over here.
차 한 대가 이쪽으로 다가오고 있다.

0046 **over there** 저쪽으로

Do you see the white building over there?
저쪽에 있는 흰 건물이 보이니?

0047 **plenty of ~** 많은, 충분한

He had plenty of money for his life.
그는 그의 인생을 위한 충분한 돈을 가졌다.

0048 **some day** (미래의) 언젠가

They will know the truth some day.
그들은 언젠가 진실을 알 것이다.

○ 미국에서는 someday로, 영국에서는 some day를 쓴다.

0049 **speak of ~** ~에 관해 말하다

Who are you speaking of?
누구에 관해 말하고 있는 것이냐?

0050 **speak to ~** ~와 말하다, ~에게 말을 걸다

She never speaks to strangers.
그녀는 모르는 사람과 말을 하지 않는다.

0051 such A that B 매우 A이므로 B 하다

It was **such** a nice **that** we decided to go on a picnic.
날씨가 너무 좋아서 우리는 소풍가기로 정했다.

> ○ such의 뒤에는 명사나 명사구가 온다. such that~ 대단한 것이므로 처럼 붙어 있는 것은 문어체. such는 도치되어 문두에 오기도 한다.
> His courage was **such that** people couldn't help admiring him.
> = **Such** was his courage **that** people couldn't help admiring him.
> 그의 용기는 대단했으므로 사람들은 그를 칭찬하지 않을 수 없었다.

0052 talk to ~ ~와 이야기하다

I sometimes **talk to** my neighbor across the fence.
나는 이따금 이웃과 담 너머로 이야기를 한다.

0053 too A to B 너무 A하므로 B 할 수 없다

This rock is **too** heavy **to** move.
= This rock is **so** heavy **that** I **cannot** move it.
이 돌덩어리는 너무 무거워 움직일 수 없다.

0054 write to ~ ~에게 편지를 쓰다

She never **wrote to** me.
그녀는 결코 나에게 편지를 쓰지 않았다.

UNIT 002 한 단어로 바꾸어 쓸 수 있는 영어표현

주어진 영어 표현을 같은 뜻을 가진 한 단어의 영어표현으로 바꿔 쓰는 표현은 회화에서 아주 유용하게 쓰입니다. 잘 알아두어 회화의 스킬을 늘려 보세요.

0001 account for ~ = explain
~을 설명하다

She was asked to account for her conduct.
그녀는 자기 행동에 대한 설명을 요구받았다.

0002 add to ~ = increase ~을 증가시키다

The music added greatly to our enjoyment.
음악은 우리에게 크게 즐거움을 더해 주었다.

0003 as well = too 또한 ~도

She speaks English, and Korean as well.
그녀는 영어를 하고, 또 한국말도 한다.

0004 bring down = reduce (값을) 내리다

They didn't agree to bring down the price of barley.
그들은 밀값을 내리는 것에 동의하지 않았다.

0005

call down = scold ~을 꾸짖다

My father called me down very hard for spending too much money.
아버지는 내가 돈을 너무 많이 쓴다고 심하게 꾸짖었다.

0006

come about ~ = happen
발생하다

A great change has come about since the war.
전쟁 후에 커다란 변화가 생겼다.

0007

come by = obtain ~을 손에 넣다

How did you come by this money?
어떻게 이 돈을 얻었냐?

> ◯ pass 들르다, 통과하다의 뜻도 있다.
> Come by our houses whenever you feel like it.
> 생각나시면 언제라도 우리 집에 들러주세요.

0008

come into ~ = inherit ~을 상속하다

Mary came into a large fortune.
메리는 많은 재산을 상속했다.

0009 fix up ~ = repair ~을 수리하다

He is going to fix up his house.
그는 집을 수리하려고 한다.

0010 for certain[sure] = surely

확실히

He never knew for certain how it happened.
그는 그것이 어떻게 일어났는지 확실히 알 수 없었다.
I don't know for certain.
나는 확실한 것은 모른다.

0011 for good[and all] = forever

영원히

He left Korea for good.
그는 영원히 한국을 떠났다.

0012 get the better of ~ = defeat

이기다, 패배시키다

He got the better of his opponent.
그는 상대를 물리쳤다.

0013

give up = abandon
그만두다, ~을 포기하다

You must give up drinking.
넌 술을 끊어라.
Don't give up, keep trying.
포기하지 마라, 계속하라.

0014

go with~ = become
~와 어울리다

This tie goes very well with your shirt.
이 넥타이는 너의 셔츠와 매우 잘 어울린다.

0015

make believe ~ = pretend
~인 체하다

She make believe (that) she had not heard him.
그녀는 그의 말을 못 들은 척했다.

0016

make out = understand
~을 이해하다

I could not make out what he said.
나는 그가 한 말을 이해할 수 없었다.

0017
make up one's mind = decide
~할 결심을 하다

Susie has made up her mind to be a nurse.
수지는 간호사가 되기로 결심했다.

> 뒤에 to부정사가 이어진다. 이것은 부정사가 원래 미래를 나타내기 때문이다.

0018
make use of ~ = utilize ~을 이용하다

Man should make peaceful use of atomic energy.
인간은 원자력을 평화적으로 이용하지 않으면 안 된다.

> use는 명사로 use 앞에 형용사를 붙여 쓰는 경우가 많다.

0019
more often than not = sometimes
때때로

More often than not, he ran away from home.
그는 자주 가출했다.

0020
none the less ~ = nevertheless
그럼에도 불구하고

I love him none the less for his faults.
나는 그가 결점이 있음에도 불구하고 사랑한다.

> 여기의 the는 그만큼의 의미인 지시부사임.

0021
of value = valuable
가치가 있는, 귀중한

This data is of great value to our researches.
이 데이터는 우리의 연구에 매우 가치가 있다.
This is of value to me.
이것은 나에게 가치가 있다.

> ○ 「of + 추상명사 = 형용사」의 예
> of importance 중요한
> of consequence 중요한
> of no account 하찮은
> of use 유용한(=useful)
> of no avail 쓸모없는(=useless)
> of service 도움이 되는(=helpful)

0022
out of temper = angry 화가 난

He got out of temper.
그는 화가 났다.

0023
pick out = choose 집어내다, 고르다

She picked out the best of all the jewels in the shop.
그녀는 그 가게의 모든 보석 중에서 가장 좋은 것을 골랐다.

0024
put forward = propose 제안하다

The manager put forward a new proposal.
지배인이 새 안을 내었다.

0025 put off ~ = postpone ~을 연기하다

I'll put him off because I have a cold.
나는 감기에 걸려서 그와 만나는 것을 연기할 것이다.

0026 put up with~ = endure, bear
~을 참다, 견디다

I had to put up with many inconveniences.
나는 많은 불편을 견뎌내지 않으면 안 되었다.

0027 set out[off] = start 출발하다

He set out to educate the public.
그는 대중 교육에 착수했다.

0028 take(~) back = return ~을 반납하다

I have to take these books back to the library.
나는 이 책을 도서관에 반납해야 한다.

0029 turn up = appear 모습을 나타내다

I didn't expect you to turn up here.
나는 네가 여기에 나타날 줄은 몰랐다.

0030

take one's place = replace
~을 대신하다

Who will take Mr. Carter's place?
= Who will take the place of Mr. Carter?
누가 카터를 대신할 것인가?

> ○ 동의표현 : take the place of

0031

talk over ~ = discuss ~을 의논하다

We talked over our plans, but couldn't reach a decision.
계획에 대해 의논했지만, 결론에 도달하지 못했다.

> ○ 이것은 비교적 오래, 느긋하게 의견을 나누는 것이다. talk about ~에 관해 (단순히) 이야기하다와 사이가 있다.

다시 한번 더 check 하기

A 보기의 표현들을 활용하여 아래 문장을 완성하시오.

be interested in	one another	in order to
speak to	too A to B	make believe
pick out	as ~ as possible	

1 This rock is _____ heavy _____ move.
이 돌덩어리는 너무 무거워 움직일 수 없다.

2 I got up early _____ catch the first train.
나는 첫차를 타기 위해 일찍 일어났다.

3 Dora _____ very _____ music.
도라는 음악에 매우 흥미가 있다.

4 Throw the ball _____ far _____.
그 공을 가능한 한 멀리 던져라.

5 She _____ the best of all the jewels in the shop.
그녀는 그 가게의 모든 보석 중에서 가장 좋은 것을 골랐다.

6 They were helping _____ in their work.
그들은 서로 도우며 일하고 있었다.

7 She never _____ strangers.
그녀는 모르는 사람과 말을 하지 않는다.

8 The boys _____ that they were explorers.
소년들은 자기들이 탐험가인 체했다.

B 다음 영어 표현과 의미가 같은 단어를 연결하시오.

1 account for • • start
2 give up • • too
3 set out • • angry
4 out of temper • • explain
5 as well • • abandon

C 다음 영어표현에 주의하면서 우리말로 해석하시오.

1 I could not make out what he said.
_____

2 Do you see the white building over there?
_____

3 Most of them are camping.
_____

4 Man should make peaceful use of atomic energy.
_____

Answer 353p

쉬어가는 코너
영어 퍼즐로 단어 쉽게 익히기 01

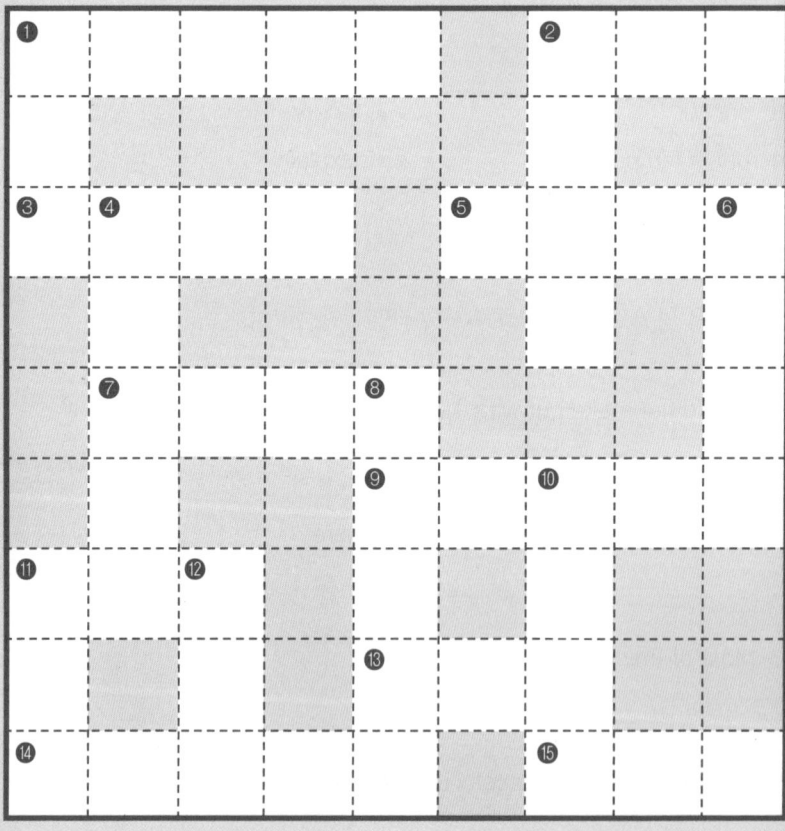

Answer 350p

가로열쇠

❶ 깨끗한, 산뜻한, 청소하다
   keep oneself _____ . 몸을 깨끗이 하다
❷ 지도. _____ of Korea 한국지도
❸ 비, 소나기
❺ 돕다, 거들다
   _____ me! 도와주세요!
❼ 증가, 상승, 일어나다
   _____ early 일찍 일어나다
❾ 밤, 저녁
   all _____ 밤새, mid_____ 자정, 한밤중
⓫ 아픈, 건강이 나쁜
⓭ 밖에, 밖으로. _____ of A A로부터
⓮ 빈, 비어 있는. _____ handed 빈손으로
⓯ 눈, 시각, 시력. sharp _____s 날카로운 안목

세로열쇠

❶ 자동차
❷ 만나다, 모임
   _____ing 회의, 집회, to _____ with A A와 만나다
❹ 4월
❻ 부분, 일부분. for my _____ 나로서는
❽ 즐기다
❿ 문. front _____ 앞문, back _____ 뒷문
⓫ 얼음. _____ cream 아이스크림
⓬ 입술. _____s 입, _____stick 립스틱

UNIT 003 형용사 · 과거분사 역할을 하는 영어표현

영어의 특징은 우리말에 비하여 수동태가 발달한 점입니다. 우리말에서는 ~을 확신하다라고 능동적으로 표현하는 것을, 영어에서는 be convinced of처럼 수동적으로 표현하는데 이것은 convince라는 동사가 확신시키다라는 타동사이기 때문입니다. 영어에는 타동사가 많으므로 반드시 알아야만 합니다.

0001 **alien from ~** ~와 다른

It had an effect entirely alien from the one intended.
그것은 의도한 것과 전혀 다른 결과로 되었다.

0002 **all by oneself** 전적으로 혼자

She was all by herself.
그녀는 전적으로 혼자였다.

0003 **all ears** 귀를 기울이는

The students were all ears.
학생들은 모두 귀를 기울였다.

She was all ears when I told my story.
그녀는 내 이야기에 귀를 기울이며 들었다.

0004 **all in** ❶ 지쳐서 ❷ 전부 포함되어

❶ He felt all in after his practice.
그는 연습 후에 지쳤다.

❷ You don't have to pay for the coffee ; the price of the meal is all in.
커피 값은 내실 필요가 없습니다. 식사대에 포함되어 있으니까요.

0005 **all smiles** 아주 행복해 보이는

Bob was all smiles at the news.
밥은 그 소식을 듣고 아주 행복해 보였다.

She was all smiles.
그녀는 행복해 보였다.

> ○ all tears 눈물을 글썽이며 / all eyes 눈을 부릅뜨고

0006 **all [just] the same** 똑같은, 아무래도 좋은

It's all the same to [with] me.
나에게 있어서는 똑같은 것이다.

This year, we are all the same height.
올해에는 우리 모두 같은 키이다.

> ○ 부사로 쓰이는 경우
> He has defects, but I like him just the same.
> 그는 결점이 있지만, 그래도 그를 좋아한다.

0007 — at home 편안한

I cannot feel at home in a luxurious hotel.
나는 호화스런 호텔에서 편안함을 느낄 수 없다.

0008 — at one's service ~의 원하는 대로, 마음대로

I am at your service.
무엇이든 말씀만 하십시오.

The car is at your service.
그 차를 마음대로 사용해라.

0009 — be above ~ing ~미치지 못하는, ~하지 않는

He is above telling a lie.
그는 거짓말을 할 사람이 아니다.

0010 — be absorbed in ~ ~에 열중하다

She is absorbed in reading a romantic novel.
그녀는 로맨틱 소설 읽기에 열중하고 있다.

0011 — be adapted to ~ ~에 적합하다

The book is not adapted to children.
그 책은 어린이들에게 적합하지 않다.

be addicted to ~ ~에 빠지다, 탐닉하다

He is addicted to cocaine.
그는 코카인 중독이다.

be ahead of ~ ~에 앞서다

Imports are ahead of exports.
수입이 수출을 앞선다.
He is ahead of us in English.
그는 영어를 우리보다 잘 한다.

be akin to ~ ❶ ~와 유사하다 ❷ ~와 동족이다

❶ Pity is akin to love.
동정은 사랑과 유사하나.
❷ The cat is akin to the tiger.
고양이는 호랑이와 동족이다.

be alien to ~ ~과 다르다

Such actions are alien to our beliefs.
그와 같은 행동은 우리의 믿음과 다르다.

be alive to ~ ~에 민감하다, 빈틈없다

He is not alive to the danger.
그는 위험을 눈치 채지 못하고 있다.

0017 be associated with ~
~와 동료간이다, ~와 제휴하고 있다

He is associated with his son in law practice.
그는 아들과 공동으로 변호사업을 하고 있다.

0018 be at war 전쟁 중이다, 교전 중이다

At that time the United States was at war with Mexico.
당시 미국은 멕시코와 전쟁 중이었다.

> 반의표현 : be at peace 평화 중이다
> at은 ~하고 있는, ~에 종사하고 있는의 뜻을 가진 전치사
> be at breakfast 아침식사 중이다 / be at work 작업 중이다

0019 be bent [intent] on ~
~에 열중하다, ~할 결심을 하다

He is bent on mastering Korean.
그는 한국어를 마스터하는 데에 열중하고 있다.

0020 be bound for ~ ~행이다

Where are you bound for at this time of the morning?
아침 일찍부터 어디 가는 거니?

0021 be bound up with ~ 밀접한 관계가 있다

My future is closely bound up with the finances of my firm.
나의 장래는 회사의 재정 상태와 밀접한 관계가 있다.

0022 be brought to light 밝혀지다, 드러나다

Many new discoveries have been brought to light.
많은 새로운 발견들이 백일하에 드러났다.

0023 be capable of ~ ~할 능력이 있다

He was capable of college work.
그는 능히 대학 공부를 할 수 있었다.

0024 be caught in ~ ~를 갑자기 만나다

We were caught in a storm on the way.
우리는 도중에 폭우를 만났다.

0025 be characteristic of ~
~에게 독특한 것이다

It is characteristic of him that he didn't reveal his plan to anyone.
아무에게도 자신의 계획을 드러내지 않는 것이 그의 특징이었다.

0026 be compelled to ~
억지로 ~하다, ~에 따르다

He was compelled to do the work.
그는 할 수 없이 그 일을 했다.

0027 be composed of ~ ~으로 구성되다

Water is composed of hydrogen and oxygen.
물은 수소와 산소로 구성되어 있다.
An engine is composed of many parts.
엔진은 많은 부품으로 구성되어 있다.

0028 be concerned about ~
~에 대해 관심을 가지다

He is very much concerned about the future of this country.
그는 이 나라의 장래에 대해 매우 관심을 가졌다.

0029 be convinced of ~ ~을 확신하다

I am convinced of his innocence.
나는 그의 결백을 확신하고 있다.

be curious about ~ ~에 호기심이 많다

They were curious about the secret of his success.
그들은 그의 성공 비결을 알고 싶었다.

be cut out for [to be]
~에 적임이다, 어울리다

He's not cut out for teaching [to be teacher].
그는 선생에 어울리지 않는다.

be defined as ~ ~로 정의하다

'Square' may be defined as a rectangle with four equal sides.
'정사각형'이란 사등변을 가신 사각형으로 정의할 수 있다.

be derived from ~ ~에 유래하다

This word is derived from Old English.
이 단어는 고대 영어에서 유래한다.

be desirous of ~ ~을 바라다

Our housekeeper is desirous of higher wages.
우리의 가정부는 더 많은 급료를 바라고 있다.

0035 be destined for ~ ~행이다

This ship is destined for New York.
이 배는 뉴욕행이다.

> ○ destine의 기본 의미 : ~을 운명짓다, ~을 예정하다

0036 be destitute of ~ ~이 결핍하다[없다]

He is destitute of common sense.
그는 상식이 없다.

0037 be devoid of ~ ~이 전혀 없다

The room is devoid of furniture.
그 방에는 가구라곤 전혀 없다.

0038 be doomed to ~ ~할 운명이다

She was doomed to die.
그녀는 죽을 운명이었다.

0039 A be endowed with B A가 B를 타고나다

She is endowed with a talent for painting.
그녀는 미술의 재능을 타고났다.

> ○ 동의표현 : be gifted with

0040
be engaged in ~ ~에 종사하다
He is engaged in business.
그는 사업에 종사하고 있다.

0041
be exposed to ~ ~에 노출되다
They had to be exposed to the enemy's gunfire.
그들은 적의 포화에 노출되어야 했다.

0042
be forced to ~ 억지로 ~하게 하다
He was forced to sign the paper.
그는 그 서류에 억지로 서명했다.

0043
be free from ~ ~가 없다
I am free from responsibility.
나에게는 책임이 없다.

0044
be free of ~ ~에 자유롭다, 면제되다
He is free of money.
그는 돈을 잘 쓴다.
These goods are free of duty.
이 상품들은 면세품이다.

0045 be free to ~ ~하는 데에 자유이다

You are free to go or stay.
네가 나가든 나가지 않든 자유이다.

0046 be gifted with ~ ~을 타고나다

She is gifted with rare talents.
그녀는 귀한 재능을 타고났다.

0047 be given to ~ ~에 전념하다, ~에 빠지다

She is given to the collection of insects.
그녀는 곤충 채집에 열중이다.

> 동의 표현 : indulge in, give oneself to, be absorbed in

0048 be good at ~ ~을 잘하다

Tom is good at swimming.
= Tom is a good swimmer. 탐은 수영을 잘한다.

> 동의 표현 : be strong in~

0049 be guilty of ~ ~의 죄를 짓다

He is guilty of crime.
그는 죄를 저지르고 있다.

0050 be hard of hearing 귀가 멀다

My grandmother is hard of hearing.
우리 할머니는 귀가 멀다.

0051 be hard up ~ (~이 없어서) 난처하다

I was hard up something to say.
나는 할 말이 없어서 난처했다.

0052 be harmonious with ~
~와 조화를 이루다

Every part of the building is harmonious with the whole.
그 건물의 각 부분은 전체와 조화를 이루고 있다.

0053 be held up ~ (진행을) 방해하다

The car was held up by a traffic accident.
그 차는 교통사고로 진행할 수 없었다.

0054 be impatient for ~ ~을 초조하게 기다리다

She is impatient for his letter.
그녀는 그의 편지를 초조하게 기다리고 있다.

0055 be impatient to ~ ~을 하고 싶어 안달하다

The children are impatient to go.
아이들은 나가고 싶어 안달이다.

0056 be in need of ~ ~을 필요로 하다

We are badly in need of food.
우리는 식량이 절실히 필요하다.

> 사람이 주어인 경우에 쓴다. 주어가 사물인 경우는 be needed를 쓴다.

0057 be indifferent to ~ ~에 무관심하다

Mary is indifferent to politics.
메리는 정치에 무관심하다.

0058 be indispensable to ~ ~에게 불가결하다

The sun and water is indispensable to all the creatures.
태양과 물은 모든 생물에게 불가결하다.

0059 be inferior to ~ ~보다 못하다, 열등하다

This wine is inferior to that in flavor.
이 포도주는 저 포도주보다 맛이 떨어진다.

0060 be jealous of ~   ~시기하다, 질투하다

My wife is jealous of my secretary.
아내는 내 비서를 질투 한다.

0061 be justified[right] in ~ing

~하는 것은 당연하다

You are justified in thinking so.
네가 그렇게 생각하는 것은 당연하다.

0062 be keen on ~   ~에 열중하다

Tom is keen on collecting foreign coins.
탐은 외국 동전 모으는 데에 열중이다.

0063 be liable to ~

❶ ~할 의무[책임]가 있다 ❷ ~하기 쉬운

❶ He is liable to pay this debt.
그는 이 빚을 갚아야 할 책임이 있다.
❷ Green is very liable to fade.
녹색은 햇빛에 바래기 쉽다.

0064 be lost to sight[view] 보이지 않게 되다

The airplane was lost to sight[view].
비행기는 보이지 않게 되었다.

> lose sight of ~ ~을 시야에서 놓치다
> go out of sight 보이지 않게 되다
> come in sight 보이게 되다

0065 be made up of ~ ~으로 구성[조성]되다

The committee is made up of six members.
그 위원회는 6명으로 구성되어 있다.

0066 be meant for ~

~에 적격이다, ~용으로 만들어져 있다

Greg was meant for the job.
그렉은 그 일이 천직이었다.
Is this ring meant for me?
이 반지는 나에게 주는 선물이야?

0067 be much of a ~ 대단한 ~이다

He's much of a pianist.
그는 대단한 피아니스트이다.

> 부정어 : be not much of ~

0068
be near at hand 가까이 다가오다

My birthday is near at hand.
내 생일이 목전에 다가온다.

0069
be obsessed with ~ ~에 사로잡히다

The man is obsessed with a fixed idea.
그 남자는 고정 관념에 사로잡혀 있다.

0070
be occupied with ~
~으로 바쁘다, 여념이 없다

Mother was occupied with cooking all afternoon.
어머니는 오후 내내 요리를 하고 계셨다.

0071
be on call 대기하고 있다

They are on call.
그들은 대기하고 있다.

0072
be out of place
부적절하다, 그 자리에 어울리지 않다

His speech on that occasion was quite out of place.
그 때의 그의 연설은 적절하지 않았다.

0073 be particular about ~
~에 까다롭게 굴다

Tom is very particular about his appearance.
탐은 자신의 용모에 매우 신경 쓴다.
My father is particular about his food.
우리 아버지는 음식에 까다로우시다.

0074 be peculiar to ~   ~에 고유하다

The practice is quite peculiar to Korea.
그 관습은 전적으로 한국 특유의 것이다.

0075 be popular with[among] ~
~에게 인기가 있다

Comics are now very popular with[among] students all over the country.
만화는 지금 전국적으로 학생들에게 매우 인기가 있다.

0076 be proficient in[at] ~
~에 능숙하다(=be skilled in[at])

She is proficient in German.
그녀는 독일어에 능하다.

0077 be proof against ~

~에 견디다, ~에 지지 않다

This glass is proof against bullets.
이 유리는 총탄에 견딘다(=방탄 유리이다).

0078 be responsible for ~

❶ ~에 책임이 있다 ❷ ~의 원인이 되다

❶ Who is responsible for leaving the door unlocked?
문을 잠그지 않은 사람이 누구냐?

❷ Smoking is responsible for most cases of lung cancer.
흡연은 폐암의 주요 원인이 된다.

0079 be responsible to ~ 책임이 있다

I am responsible to her for the safety of her family.
나는 그녀의 가족에 대한 안전을 책임지고 있다.

0080 be restricted to ~ ~으로 한정되다

Our membership is restricted to twenty.
우리 회원은 20명으로 제한되어 있다.

0081 be satisfied with ~ ~에 만족하다

The public has been satisfied with big tax cuts.
시민들은 대폭적인 세금 삭감에 만족했다.

0082 be sensible of ~ ~을 의식하고 있다, ~을 깨닫다

She is sensible of her fiance's weakness for alcohol.
그녀는 자기 약혼자가 술에 약하다는 것을 알고 있다.

0083 be sensitive to ~ ~에 민감하다

She is sensitive to heat.
그녀는 더위에 민감하다.

0084 be similar to ~ ~와 비슷하다

Your opinion is similar to mine.
너의 의견은 나와 비슷하다.
Your watch is similar to mine in shape and color.
네 시계는 모양과 색깔이 내 것과 비슷하다.

0085 be skilled in [at] ~ ~에 능숙하다, ~에 뛰어나다

She is skilled in[at] her job.
그녀는 일에 매우 숙련돼 있다.

0086
be slow of ~　~가 느리다

He is slow of understanding.
그는 이해가 더디다.

> 여기에서의 of는 ~에 관해서의 뜻임. 다음 예문의 of도 같다.
> He is blind of an eye. 그는 한쪽 눈에 관해 장님이다 → 그는 한쪽 눈이 보이지 않는다.

0087
be subject to ~

❶ ~의 지배를 받다　❷ (피해, 병)을 걸리기 쉬운

❶ We are all subject to the laws of nature.
우리는 모두 자연의 법칙의 지배를 받고 있다.
❷ Men are subject to temptation.
인간은 유혹에 걸리기 쉽다.

0088
be suggestive of ~

암시하다, 생각나게 하다

The melody is suggestive of the rolling of waves.
그 멜로디는 파도의 넘실거림을 암시하고 있다.

0089
be supposed to ~

~하기로 되어 있다, ~할 의무가 있다

You are supposed to be here every day.
너는 매일 이곳에 오기로 돼 있다.

0090 be through with ~
❶ ~을 끝내다 ❷ ~와 관계를 끊다

❶ Are you through with your work?
너의 일은 끝났니?(끝마쳤느냐?)
❷ I'm through with alcohol.
알코올과 인연을 끊었다.

0091 be to blame for ~   ~에 책임이 있는

Who is to blame for this failure?
누가 이 실패에 책임이 있는가?

0092 be traced to ~   거슬러 올라가다

The custom has been traced to a very early origin.
그 관습은 꽤 오래 전에 비롯된 것이었다.

0093 be trifled with ~   희롱당하다

He is not a man to be trifled with.
그는 희롱당할 사람이 아니다.

0094 be true of ~   ~에 적용되다

What is true of them is equally true of you.
그들에게 적용되는 것은 너에게도 적용된다.

0095 be true to life 실물과 똑같다, ~에 충실하다

The picture is true to life.
그 그림은 실물과 똑같다.

0096 be up and about[around]
일어나 활동하다

Jack was sick in bed for several weeks, but is now up and about[around] again.
잭은 수주일간 병으로 누워 있었지만, 지금은 일어나 다시 움직이고 있다.

0097 be up and doing 바쁘게 일하다, 크게 활약하다

He is always up and doing.
그는 늘 활기차게 활동하고 있다.

0098 be wanting[lacking] in ~
~이 없다, ~이 부족하다

Nothing is lacking in their happy life.
그들의 행복한 생활에서 부족한 것은 아무것도 없다.

0099 be welcome to ~ 마음대로 ~해도 좋다

You are welcome to the telephone.
마음대로 전화를 쓰세요.

0100 be well versed in ~
~에 정통하다(=be skilled in)

The old man **is well versed in** the Incan Civilization.
그 노인은 잉카 문명에 정통하다.

0101 be well-known to ~ ~에게 잘 알려져 있다

He **is well-known to** everybody.
그는 모든 사람에게 잘 알려져 있다.

0102 be wont to ~ 버릇처럼 ~하다

She **was wont to** read a mystery in bed.
그녀는 잠자리에서 추리 소설을 읽곤 했다.

0103 be worth (one's) while ~
~의 가치가 있다

It **is worth while** seeing that movie.
= It **is worth while** to see that movie.
그 영화는 볼 가치가 있다.

> 같은 의미를 That movie is worth seeing이나 That movie is worth while seeing으로 표현할 수 있다. 여기서의 while은 잠깐 동안의 시간을 나타낸다.
> It is worth while doing ~ ~하는 것은 시간을 들일 만한 가치가 있다

0104 be worthy of ~ ~에 상응하다, ~의 가치가 있다

He is not worthy of the name 'artist'.
그는 '예술가'로 불릴 가치가 없는 사람이다.
His brave action is worthy of a medal.
그의 용감한 행동은 훈장감이다.

0105 beside oneself (with) ~
(기쁨이나 슬픔 등으로) 자기를 잃은

The winner of the game seemed to be beside himself with joy.
그 게임의 승자는 기뻐서 제정신이 아니었다.

0106 enough to ~ ~하기에 충분한

He was kind enough to show me the way to the station.
그는 친절하게도 나를 역까지 안내해 주었다.

0107 fit for ~ ~에 적합한

He is not fit for such a job.
그는 그런 일에 적합하지 않다.

0108 **for[on] sale** 매물의, 팔려고 내놓은

Those video games are on sale everywhere.
그런 비디오 게임은 어느 곳에서나 팔고 있다.
These articles are not for sale.
이 물건들은 팔 것이 아니다.

> for sale 개인의 물건 / on sale 상점에서 팔려고 내놓은 것

0109 **fresh from ~** ~에서 갓 나온

This bread is fresh from the oven.
이 빵은 오븐에서 갓 나온 것이다.

0110 **give oneself to ~** ~에 전념하다, ~에 빠지다

He is given to music.
그는 음악에 빠져 있다.

0111 **good for nothing** 아무 쓸모없는

This tool is good for nothing.
이 도구는 아무 쓸모가 없다.

0112 **in the making** ~완성 전의, 제조 중의

There's a fortune in the making for any hard worker.
열심히 일하면 누구나 한 재산을 만든다.

0113 look forward to (~ing) (~하기를) 고대하다

I am looking forward to seeing you.
나는 너를 만나기를 학수고대하고 있다.

> ❍ 여기의 to는 부정사의 to가 아니고, 전치사 to이므로 뒤에 동사가 이어질 때에는 동명사로 한다.

0114 native to ~ ~가 원산인

Tobacco is native to the American continent.
담배는 아메리카 대륙이 원산지이다.

0115 no end of ~ 한없는, 매우 많은

He is no end of a fool. 그는 한도 없는 바보다.
He made no end of excuse. 그는 핑계를 끝내지 않았다.

0116 of importance 중요한(= important)

The newspaper carries no news of importance.
그 신문은 중요한 뉴스를 싣지 않는다.

0117 of no avail 전혀 쓸모가 없는, 무익한

It is of no avail to talk with her.
그녀와 이야기하는 것은 헛일이다.

0118 **of old** 옛날의, 예로부터

Then I remembered the days of old.
그때 나는 옛날을 떠올렸다.

0119 **of the day** 당시의

Babe Ruth was one of the best players of the day.
베이브 루스는 당시 일류 선수의 한 사람이었다.

0120 **one and the same** 동일한

He didn't know that the two parts were being played by one and the same actor.
그는 그 두 가지 역할이 전적으로 동일한 배우에 의해 연출되고 있음을 몰랐다.

0121 **out of business** 실직한

He went out of business. 그는 실직했다.

0122 **too much for ~** 감당하기 어려운

He is too much for me.
나는 그에게 도저히 당해낼 수가 없다.
This poem is too much for me.
이 시는 나에게 너무 어렵다.

0123 **out of breath** 숨이 찬

All the runners were out of breath.
모든 주자들은 숨을 헐떡였다.

> ○ out of ~의 표현들
> out of date 구식의
> out of season 철이 지난
> out of stock 재고가 없는
> out of print 절판 된
> out of tune 조화가 안되는
> out of fashion 유행이 지난
> out of temper 화가 나서
> out of vogue 유행이 지난
> out of work 실직하여

0124 **out of place** 어울리지 않는, 적절하지 못한

His speech was out of place.
그의 연설은 부적절했다.

동사 역할을 하는 영어표현

영어 표현 중에서 단연 가장 많은 표현이 동사를 나타내는 표현입니다. 여기서는 중요한 것을 엄선하여 실었지만, 그래도 그 수가 437여개에 달합니다. 굉장히 많은 분량이므로 암기하기에 적지 않은 노력이 들 것입니다. 그렇지만 가장 많이 쓰이고 널리 쓰이니 반드시 알아두고 회화에 응용하시기 바랍니다.

0001 **abound in [with] ~** ~이 풍부하다

Our country **abounds in** beautiful rivers, but also **abounds with** floods.
우리나라는 아름다운 강이 많지만, 또한 홍수도 많다.

> 부정적인 일에 쓰이는 경우가 많다.

0002 **abstain from ~** ~을 그만두다(=stop, quit)

He **abstained from** smoking.
그는 담배를 끊었다.

0003 **add up to ~** 총계 ~이 되다

The loss **adds up to** over one million dollars.
손실은 총계 1백만 달러가 된다.

0004 **address oneself to ~** ~에 전념하다

You had better address yourself to the task.
너는 그 일에 전념하는 게 좋다.

0005 **adhere to ~** 달라붙다, 집착하다, 고수하다

Mud adhered to his shoes.
진흙이 그의 구두에 달라붙었다.

0006 **aim at ~** ~을 목표로 하다

He aims at breaking the record.
그는 기록을 깨는 것을 목표로 한다.

This book aims at giving a general outline of the subject.
이 책은 그 주제의 대체적인 윤곽을 제시하는 것을 목표로 하고 있다.

0007 **allow of ~** ~의 여지를 남기다

Your behavior allows of no excuse.
너의 행동은 변명의 여지가 없다.

0008 **allude to ~** ~을 언급하다, 내비치다

Be careful not to allude to his recent loss.
그의 최근 불행을 언급하지 않도록 주의하라.

0009 amount to ~ ❶ 합계 ~이 되다 ❷ ~와 같다

❶ His debt amounted to a thousand dollars.
그의 빚은 1천 달러에 달했다.

❷ His answer amounts to a refusal.
그의 대답은 거절과 같다.

0010 answer for ~
❶ ~의 책임을 지다 ❷ ~를 대신해 대답하다

❶ I will answer (to you) for his honesty.
그가 정직하다는 것은 내가 보증한다.

❷ Bill answered for his sister.
빌은 여동생을 대신해서 대답했다.

0011 apologize to ~ ~에게 사과하다

You have to apologize to her for your rude behavior.
너는 그녀에게 너의 무례한 행동에 대해 사과해야 한다.

0012 apply to A for B
A에게 B를 요청하다(= ask for B from A)

She applied to her boss for a vacation.
그녀는 상사에게 휴가를 신청했다.

0013
approve of ~   ~을 인정하다, 찬성하다

I approve of your plan.
나는 너의 계획에 찬성한다.

> ○ 반의표현 : disapprove of ~ ~을 반대하다

0014
ask a favor of A = ask A a favor
A에게 부탁하다

May I ask a favor of you? = May I ask you a favor?
청을 들어 주시겠습니까?

> ○ I have a favor to ask of you. 당신에게 한 가지 부탁할 것이 있다.

0015
ask after ~   (안부)를 묻다, 문안하다

He asked after your health.
그는 너의 건강을 물었다.
May I asked after the health of your father?
아버지 건강은 좀 어때?

0016
back up   지지하다, 후원하다

They backed him up in everything.
그들은 모든 면에서 그를 지원했다.

0017 be after 뒤를 좇다

The police are after the murderer.
경찰은 살인자를 좇고 있다.

0018 be as good as one's word
약속을 지키다

Tom was as good as his word, and never let out the secret.
탐은 약속을 지켜 결코 비밀을 누설하지 않았다.

> 동의표현 : keep one's word(=promise)

0019 be at stake
(돈, 운명, 목숨이) 걸리다, 위태로워지다

My honor is at stake. 내 명예가 걸려 있다.

He fought desperately to win the suit, for his political career was at stake.
그는 정치 생명이 걸려 있기 때문에 그 소송에 이기기 위해 필사적으로 싸웠다.

0020 be beyond one's comprehension
이해할 수 없다

His way of thinking is beyond my comprehension.
나는 그의 사고방식을 이해할 수 없다.

0021 be friends with ~ ~와 친하다

I have long been friends with his family.
나는 오래 전부터 그의 가족과 친하게 지내고 있다.

0022 be hard put to it 어려움을 겪다, 애를 먹다

The oil industry is hard put to it.
석유 산업은 곤경에 처해 있다.

You would be hard put to find a better job than this.
너는 이 이상 좋은 일을 찾는 데에 어려움을 겪을 것이다.

0023 be in a bad temper 화나 있다

She is in a bad temper.
그녀는 화나 있다.

0024 be in a position ~할 수 있는 입장에 있다

He was not in a position to help me.
그는 나를 도울 입장이 아니다.

0025 be in demand 수요가 있다

Copper is in great demand in wartime.
구리는 전시에 수요가 많다.

0026
be in for (나쁜 일을) 겪다

She is in for a big surprise.
그녀는 깜짝 놀랄 일을 겪고 있다.

0027
be in the habit of ~ ~하는 버릇이 있다

She is in the habit of sitting up late.
그녀는 밤늦게까지 자지 않는 버릇이 있다.

0028
be lost to ~

❶ ~에서 상실되다 ❷ ~에 무감각하다

❶ The opportunity was lost to him.
그 기회는 그에게 다시 오지 않았다.
❷ He is lost to pity.
그는 인정머리가 없다.

> ○ be lost to sight [view] : 보이지 않게 되다

0029
be of (the) opinion that ~
~이라는 의견을 가지고 있다

I am of the opinion that drunken driving is a challenge to our community.
음주 운전은 사회에 대한 도전이라는 것이 나의 생각이다.

0030 be second to none
누구에게도[무엇에도] 뒤지지 않다

John is second to none in math.
존은 수학에서 누구에게도 뒤지지 않는다.

0031 bear on ~   ~에 관계[영향]가 있다

What you say does not bear on our problem.
너의 말은 우리 문제와는 관계가 없다.

0032 bear witness to ~
~을 입증하다, ~의 증거가 되다

His fingerprints bore witness to his guilt.
그의 지문이 유죄의 증거가 되었다.

All the people in the room bore (me) witness that I had not touched the vase.
내가 그 꽃병에 손을 대지 않았다는 것을 방에 있던 사람 모두가 증명해 주었다.

> 반의표현 : bear false witness 위증하다

0033 bear[keep] ~ in mind   명심하다

Keep in mind that my money is limited.
나의 돈에도 한도가 있다는 것을 명심해라.

0034
bear out 실증하다, 뒷받침하다
These facts bear out my hypothesis.
이들 사실은 나의 가설을 뒷받침한다.

0035
beat against ~에 부딪히다
The rain is beating against at the front door.
비가 창문에 심하게 부딪히고 있다.

0036
become of ~
(what, whatever를 주어로 하여) ~이 (어떻게) 되다

What has become of Tom?
탐은 어떻게 되었을까?

0037
begin with ~ ~부터 시작하다
In England spring really begins with May.
잉글랜드에서는 봄은 실제로 5월부터 시작한다.

> ● from은 쓰지 않는다. '시간'이라면 begin at, '특정한 날'이라면 begin on이 된다. 뒤에 동사가 오는 경우엔 begin by ~ing로 한다.

0038
behave oneself 예의 바르게 행동하다
Behave yourself!
얌전하게 굴어라!

0039

believe in ~   ~를 믿다

❶ He believe in the supernatural.
〈신념〉 그는 초자연적인 것이 있다고 믿는다.
Do you believe in ghosts?
너는 유령을 믿느냐?
❷ We believe in democracy.
〈가치〉 우리는 민주주의가 좋다고 믿는다.
❸ I believe in him.
〈능력〉 나는 그(의 능력)를 믿는다.

0040

beneath one's dignity   품위를 떨어뜨리다

It is beneath my dignity to ask a favor.
부탁을 하는 것은 나의 체면을 떨어뜨리는 것이다.

0041

beware of ~   ~에 조심하다

Beware of the dog!   맹견 조심!
You must beware of pickpockets.
소매치기를 조심해야 한다.

0042

blow up   ❶ 폭파하다(=explode) ❷ 폭발하다, 폭파되다

❶ The enemy blew up the bridge.
적은 다리를 폭파했다.
❷ Our factory blew up last night.
우리의 공장은 어젯밤에 폭발했다.

0043 break A of B
A로부터 B(버릇)를 그만두게 하다[고치다]

She tried to break her child of the habit of lying.
그녀는 자기 아이의 거짓말 하는 버릇을 고치려고 애썼다.

0044 break down ❶ 부수다 ❷ 고장 나다

❶ They broke down part of the wall.
그들은 벽의 일부를 부쉈다.

❷ The truck broke down on a mountain road.
그 트럭은 산길에서 고장 났다.

0045 break in (대화에) 끼어들다

"Excuse me," Tom broke in.
"죄송합니다" 하고 탐이 끼어들었다.

0046 break into ~
❶ 침입하다 ❷ 갑자기 ~하기 시작하다

❶ They broke into the bank and robbed it.
그들은 은행에 침입해서 돈을 강탈했다.

❷ They broke into a quarrel over a trifle.
그들은 사소한 일로 갑자기 말다툼하기 시작했다.

0047 break off 갑자기 끊다, 부러뜨리다

That country broke off diplomatic relations with the China.
그 나라는 중국과의 외교 관계를 단절했다.

0048 break with ~ ~와 관계를 끊다

He broke with all his relatives.
그는 모든 친척들과 절교했다.

0049 breathe one's last 마지막 숨을 거두다

He breathed his last peacefully this morning.
그는 오늘 아침에 평화롭게 숨을 거뒀다.

0050 bring oneself to ~ ~할 기분이 들다

I could not bring myself to eat it.
나는 그것을 먹을 기분이 나지 않았다.

0051 burn the candle at both ends
매우 무리한 일을 하다, 정력을 낭비하다

His mother is anxious about his health, because he is burning the candle at both ends.
그의 어머니는 그의 건강을 걱정하시는데 그가 무리한 일을 하고 있기 때문이다.

0052
burst into ~ 갑자기 ~하기 시작하다

She burst into tears.
그녀는 갑자기 울음을 터뜨렸다.

> burst into anger 갑자기 화를 내다 / burst into flower 일제히 개화하다

0053
call [bring] ~ to mind ~이 떠오르다

I couldn't call the name of the student to mind.
나는 그 학생의 이름이 떠오르지 않았다.

0054
call in [into] question
이의를 주장하다, 의심하다

The results of the research were called into question.
조사 결과에 이의를 주장했다.

0055
call ~ names ~의 험담을 하다

You must call nobody names.
너는 누구의 욕이라도 해서는 안 된다.

0056
call off 취소하다, 중지하다

The game was called off because of bad weather.
그 시합은 악천후로 중지되었다.

0057
call on A to[for] B A에게 B를 요청하다

He called on me for a speech.
= He called on me to make a speech.
그는 나에게 연설해 달라고 요청했다.

0058
cannot possibly
아무리 해도 ~할 수 없다, 도저히 ~할 수 없다

That couldn't possibly be true.
그건 사실일 리가 없다.

○ possibly는 혹시, 어쩌면의 뜻. '가능성이 없는 것은 아니다' 라는 기분을 내포한다.

0059
catch it 꾸지람을 듣다, 벌을 받다

You will catch it if you do such a thing.
그런 짓을 하면 벌 받을 거다.

0060
catch A ~ing A가 ~하고 있는 것을 발견하다

I caught him stealing the camera.
나는 카메라를 훔친 현장에서 그를 붙잡았다.

0061
catch sight of ~ ~을 발견하다

I caught sight of him in the crowd.
나는 군중 속에서 그를 발견했다.

0062 change[turn] for the better
호전되다

Your condition will soon change for the better.
너의 상태는 곧 호전될 것이다.

> 여기의 for는 start for Italy처럼 ~로 향해를 뜻한다.
> change[turn] for the worse 악화하다

0063 change trains 기차를 바꿔 타다

I have to change trains at Daejeon Station.
나는 대전 역에서 열차를 갈아타야 한다.

0064 choose between A and B
A와 B중에서 고르다

You must choose between honor and death.
너는 명예냐 죽음이냐, 둘 중 하나를 선택하지 않으면 안 된다.

0065 come in handy (필요한 때에) 소용되다

A Knowledge of English will come in handy for traveling abroad.
영어를 알아두면 해외여행 할 때 소용된다.

Don't throw that away. It may come in handy.
그것을 버리지 마라. 나중에 쓸모가 있을지 모르니까.

clear off ~   ~을 치우다, 제거하다

I've worked hard, but I'm not clear off debt yet.
나는 열심히 일했지만, 아직 빚이 있다.

clear one's throat   기침을 하다

The chairman cleared his throat, and announced the opening of the meeting.
의장은 기침을 하며, 회의 개시를 선언했다.

clear out ~   ~을 청소하다, 몰아내다

He cleared out his desk.
그는 책상 속을 청소했다.

come near (to) ~ing   ~할 뻔하다

The child came near being drowned.
그 어린이는 하마터면 익사할 뻔했다.

> to 뒤에 동명사가 오는 것에 주의하자

come of ~   ~에 원인이 있다

Poverty often comes of idleness.
빈곤은 흔히 게으름에서 기인한다.

0071 come of age 성년이 되다

When did he come of age?
그는 언제 성년이 되었느냐?

0072 come off ❶ 떨어지다, 빠지다 ❷ 성공하다

❶ He came off his horse during the race.
그는 레이스 중에 말에서 떨어졌다.
❷ The experiment did not come off.
실험은 잘 되지 않았다.

0073 come out 드러나다, 나타나다

The news came out that the President was seriously ill.
뉴스는 대통령이 중병에 걸렸다는 것을 알렸다.

0074 come to a standstill 멈추다(=stop)

A new car came to a standstill in front of the bank.
새 차 한 대가 은행 앞에 멈추었다.

0075 come[get] to do ~하게 되다

To my joy, I have come to like English recently.
신나게도, 요즘 나는 영어가 좋아졌다.

0076 come[be brought] to light
밝혀지다, 드러나다

New evidence confirming his guilt has come to light.
그의 유죄를 결정지을 새로운 증거가 드러났다.

0077 come to one's mind ~이 마음에 떠오르다

A good idea came to my mind then.
그때 좋은 생각이 내 마음에 떠올랐다.

0078 come to one's senses 의식을 되찾다

The wounded man came to his senses soon.
그 부상자는 곧 의식을 되찾았다.

> come to oneself 도 같은 뜻임. 의식을 잃다는 lose one's senses.

0079 come to pass 일어나다, 발생하다(= happen)

I don't know how the accident came to pass.
나는 어떻게 그 사건이 일어났는지 모른다.

0080 come to terms with ~ ~와 타협하다

In the matter of house-rent I have come to terms with him.
집세 문제에서 나는 그와 타협을 지었다.

0081 come up to ~
❶ ~에 부응하다 ❷ ~쪽으로 오다

❶ His new play came up to our expectations.
그의 새 연극은 우리의 기대에 부응했다.
❷ The time is coming up to six o'clock.
시간은 6시가 돼 가고 있다.
He is coming up to retirement.
그는 퇴직할 때가 다가오고 있다.

0082 commit oneself to ~
~에 몸을 맡기다, 위임하다

Commit yourself to the doctor's care.
의사에게 일임하라.

0083 compete with A for B
B를 차지하려고 A와 경쟁하다

I competed with him for the first prize.
나는 일등을 위해 그와 경쟁했다.

0084 communicate with ~   ~와 통신하다

They communicate with each other by mail.
그들은 서로 편지로 연락하고 있다.

0085 complain of ~   ~에 불평을 말하다

He complains (to me) of his room is too small.
그는 자기 방이 너무 작다고 불평한다.

0086 comply with ~   ~에 따르다, ~에게 동의하다

They complied with our request.
그들은 우리의 요구를 들어주었다.

0087 concentrate ~ on   집중하다, 전력을 기울이다

You must concentrate your attention on what you are doing.
너는 네가 하고 있는 것에 주의를 집중해야 한다.

0088 conform to ~   같아지다, 순응하다

This picture conforms to our notion of a good painting.
이 그림은 훌륭한 그림이라는 우리의 생각에 일치하고 있다.

0089 congratulate A on B

A에게 B를 축하하다

I congratulate you on passing the examination.
시험 합격을 축하한다.

0090 contribute to ~ ~에 기여하다, 이바지하다

His effort contributed to his present success.
그의 오늘의 성공은 노력에 의한 것이다.

0091 cope with ~ 잘 대처하다

We can't cope with the present difficulties.
우리는 현재의 어려움을 수습할 수 없다.

0092 count for ~ ~의 가치가 [중요성이] 있다

Connections count for much in this company.
이 회사에서는 연고가 중요하다.

0093 count for nothing [little]
가치가 없다, 전혀[거의] 쓸모없다

His advice counted for little.
그의 충고는 거의 소용없었다.

○ count for much는 매우 쓸모 있다, 매우 가치가 있다

0094 cry over ~ ~을 한탄하다

It is no use crying over spilt milk.
엎질러진 우유에 한탄해봤자 소용없다 (후회막급)

0095 cure A of B A로부터 B를 고치다

He tried to cure his child of the habit.
그는 아이들의 그 버릇을 고치려고 애썼다.

0096 cut down ~ ~을 삭감하다, 절약하다

A diabetic has to cut down on sweets.
당뇨병 환자는 단 것을 줄여야 한다.

0097 cut off ~ ~을 차단하다, 중단하다

Our gas supply has been cut off.
가스가 차단되었다.

They cut off in the middle of their conversation.
그들이 통화를 하는 중에 전화가 끊겼다.

0098 date back to ~ ~(로) 거슬러 올라가다

The church in our village date back to the Norman period.
우리 마을에 있는 교회는 노르만 시대까지 거슬러 올라간다.

0099 date from ~ ~부터 시작하다

This university dates from the early 18th century.
이 대학은 18세기 초부터 시작한다.

0100 dawn on ~ ~을 알기 시작하다, 깨닫다

It dawned on me that he was serious.
그가 진지하다는 것을 깨달았다.

0101 deceive A into B A를 속여서 B하게 하다

He deceived her into accepting his offer of marriage.
그는 그녀를 속여서 결혼 신청을 받아들이게 했다.

0102 decide on ~ ~을 정하다

I've decided on [against] tomorrow.
나는 내일 가기로 [가지 않기로] 결정했다.

0103 dedicate to ~ (생애, 시간)을 바치다, ~에 전념하다

He dedicated his life to the service of his country.
그는 조국을 위해 일생을 바쳤다.

0104 demand ~ of [from]
~을 요구하다, 청구하다

She demanded too high a price of him.
그녀는 그에게 지나치게 많은 값을 청구했다.

0105
devote oneself to ~ ~에 헌신하다

She devoted herself to her children.
그녀는 자식들에게 헌신했다.

0106
discourage ~ from ~를 못하게 말리다, 단념하게 하다

I discouraged my son from traveling alone.
나는 아들이 홀로 여행하는 것을 말렸다.

0107
dispose of ~ ~을 처리[처분]하다(=get rid of)

He has no right to dispose of the house.
그는 그 집을 처분할 권리가 없다.

He wants to dispose of his land.
그는 땅을 처분하고자 원했다.

0108
distinguish oneself 이름을 떨치다

She distinguished oneself in chemical research.
그녀는 화학 연구로 이름을 떨쳤다.

0109
do ~ a good turn ~에게 친절하게 하다

He did me a good turn.
그는 나에게 친절하게 해 주었다.

◐ turn의 앞에 형용사가 붙어 행위의 의미를 가진다.

0110 do A a favor
A에게 은혜를 베풀다, ~의 부탁을 들어주다

Will you do me a favor?
내 부탁 하나 들어주겠어요?

0111 do A justice = do justice to A
A를 공정하게 평가하다

To do him justice, he is an able man.
공정하게 평가하면, 그는 유능한 사람이다.

0112 do away with ~
~을 없애다, 폐지하다(=abolish)

You should do away with such evil customs.
너는 그런 나쁜 습관을 버려야 한다.

0113 do more harm than good
백해무익하다

This film will do you more harm than good.
이 영화는 너에게 백해무익하다.

> ◐ do ~ good ~에 이롭다
> do ~ harm ~에 해롭다

0114 do over ~을 다시 하다, 되풀이하다

You have to do your composition over.
너는 작문을 다시 써야 한다.

0115 do well to ~ ~하는 것이 좋다(=had better)

You would do well to stay here.
너는 여기 있는 편이 좋을 것이다.

0116 do with ~ ~을 취급하다, 처리하다

They talked about what they should do with the money.
그들은 그 돈을 어떻게 처리할 것인지에 대해 이야기했다.

I have done with the work.
나는 그 일을 끝마쳤다.

> ● do with는 예문처럼 what을 목적어로, 의문문 속에서 쓰인다.
> be done with ~ ~와 인연을 끊다
> I am quite done with her. 나는 그녀와 인연을 딱 끊었다.
> have done with ~ ~을 끝내다
> Have you done with the paper? 신문을 벌써 읽었느냐?

0117 drink to ~ ~을 위해 건배하다

Let's drink to his success.
그의 성공을 위해 건배합시다.

0118 drop out 중퇴하다, 탈락하다

Tom dropped out of school when he was sixteen.
탐은 16살 때에 중퇴했다.

0119 elbow one's way through ~
~을 밀어제치면서 나아가다

The policemen elbowed their way through the crowd.
경찰들은 군중을 밀면서 나아갔다.

0120 embark on ~ ~을 시작하다, 착수하다

He is going to embark on a political career.
그는 정치 생활을 시작하려고 한다.

0121 endow A with B A에게 B를 주다

Nature has endowed him with many talents.
= He is endowed with many talents.
그는 많은 재능을 타고났다.

0122 estimate A at B A를 B로 어림잡다

We estimated his losses at $ 500.
우리는 그의 손해를 500달러로 어림잡았다.

0123 equip A with B
❶ A에게 B를 갖추게 하다 ❷ A에게 B를 주다

❶ This submarine is equipped with missiles.
이 잠수함은 미사일이 장비되어 있다.

❷ He has equipped his children with a good education.
그는 자녀에게 훌륭한 교육을 받게 했다.

0124 excuse oneself from ~
~을 변명하다

He excused himself from attending the meeting because he was ill.
그는 아파서 모임에 참석할 수 없다고 변명했다.

0125 exert oneself 노력하다

The student exerted himself to get good grades.
그 학생은 좋은 성적을 얻기 위해 노력했다.

0126 express oneself
의사를 표현하다

I can't express myself correctly in English.
나는 내 생각을 영어로 정확하게 표현할 수 없다.

0127 **fail to ~** ~하지 못하다[않다]

He often fails to keep his word.
그는 가끔 약속을 지키지 않는다.

0128 **fall (a) victim[prey] to ~**
~의 먹이[희생]가 되다

The deer fell a prey to the lion.
그 사슴은 사자의 먹이가 되었다.
Many children fell victim to the disease.
많은 어린이들이 그 병의 희생이 되었다.

> ● 미국 영어에서는 흔히 a를 생략한다.

0129 **fall back upon[on]**
(최후의 수단으로서) ~에 의지하다

I have nothing to fall back on.
나는 의지할 것이 아무것도 없다.

0130 **fall behind** ❶ 뒤처지다 ❷ 늦어지다

❶ He fell behind in his studies.
그는 공부에서 뒤처졌다.
❷ He often fall behind with the rent.
그는 종종 집세가 늦는다.

0131 fall [come] short of ~

❶ ~에 이르지 못하다 ❷ 도달하지 못하다

❶ The results fell short of my expectations.
결과는 나의 기대에 미치지 못했다.
❷ The arrow fells short of the mark.
화살은 표적에 도달하지 못했다.

○ be short of ~이 부족하다

0132 fall on ~

❶ ~에게 당첨되다 ❷ 바로 ~(그날)이다, ~에 해당하다

Christmas falls on Sunday this year.
금년은 크리스마스가 일요일에 해당한다.

0133 fall on deaf ears

(의견, 호소, 충고 등이) 무시되다

Our request for more supply fell on deaf ears.
더 많이 공급해 달라는 우리의 요구는 무시되었다.

0134 fall on one's knees

무릎을 꿇다

He fell on his knees to thank God.
그는 신에게 감사하려고 무릎을 꿇었다.

0135 **fall through**
좌절되다, 수포로 돌아가다

His plan fell through.
그의 계획은 좌절되었다.

0136 **fall to ~** 시작하다, 착수하다

They immediately fell to work.
그들은 즉시 일을 시작했다.

He fell to thinking about his child.
그는 어렸을 때의 일을 생각하기 시작했다.

0137 **feed on ~** (동물이) ~을 먹고 살다

Some whales feed on small fishes.
몇몇 고래는 작은 물고기를 먹이로 하는 것도 있다.

Cattle feed on grass.
소는 풀을 먹고 산다.

> ○ feed on은 동물, 사람인 경우는 live on을 쓴다.
> The Korean used to live on rice and kimchi.
> 한국 사람은 쌀과 김치를 먹고 산다.

0138 **feel at home** 마음이 편안하다

He felt at home when the day's work was over.
그는 하루의 일이 끝나자 편안한 기분이 들었다.

0139
feel ill at ease 불안하다, 거북하다

I always feel ill at ease in my father's company.
나는 아버지와 함께 있으면 거북하다.

I always feel ill at ease in my teacher's presence.
나는 선생님 앞에서는 늘 안절부절 못한다.

> ill은 부사로, not이나 hardly와 같은 뜻이다.

0140
feel like ~ing (매우) ~하고 싶어 하다

I felt like crying at the news.
그 소식을 듣고 울고 싶은 마음이 들었다.

0141
feel one's way 더듬으며 나아가다

I felt my way out of the room.
나는 손으로 더듬으며 방에서 나왔다.

0142
fight it out 끝까지 싸우다

We have made up our minds to fight it out.
우리는 끝까지 싸우기로 결심했다.

0143
fill out 기입하다(=fill in)

Will you fill out this form?
〖미〗 이 용지에 기입해 주시겠어요?

0144 find fault with ~
~의 흠을 잡다, 비난하다(= criticize)

He is always finding fault with other people.
그는 늘 남의 흠을 잡는다.
She finding fault with everything I do.
그녀는 내가 하는 무엇이든 비난한다.

0145 find one's way   길을 찾아가다, 애써 나아가다

They found their way through the dense forest.
그들은 고생하면서 밀림 속을 나아갔다.

0146 fit in with A   A와 일치하다, 적합하다

His idea fitted in perfectly with ours.
그의 생각은 우리들과 완전히 일치했다.

0147 flatter oneself (that) ~
제 딴에는 ~라고 생각하다

She flattered herself that she was the most beautiful girl in the village.
그녀는 제 딴에는 마을에서 가장 미인이라고 생각하고 있었다.

> ○ flatter 우쭐하게 하다

0148 furnish[provide, supply] A with B
A에게 B를 공급하다

The river furnishes this town with water.
= The river furnishes water to this town.
그 강은 이 마을에 물을 공급한다.

0149 gain[make] ground   지지를 얻다, 널리 퍼지다

The movement is rapidly gaining ground.
그 운동은 급속히 퍼지고 있다.

0150 get[put] A across to B   A를 B에게 이해시키다

He could not get his joke across to his student.
그는 학생들에게 그의 농담을 이해시킬 수 없었다.

0151 get[have] A to B   A에게 B를 하게 하다

I got him to repair my watch.
나는 그에게 시계를 수선시켰다.

> ○ 'have[get] + 목적어 + 원형부정사'와 'have + 목적어 + to부정사'의 목적어는 '사람'이며, 'have[get] + 목적어 + 과거분사'의 목적어가 되는 것은 '사물'이다.
> 원형부정사인 경우 :
> I'll have him come early tomorrow morning.
> 나는 내일 아침 일찍 그를 오게 할 것이다.
> 과거분사인 경우
> I'd like to have these shirts cleaned. 이 셔츠를 세탁하고[세탁해 받고] 싶습니다.

0152 get accustomed to ~
~에 익숙하다

You will soon get accustomed to the work.
너는 그 일에 곧 익숙해 질 것이다.

0153 get along with ~
~와 사이좋게 지내다

He can't get along with his father-in-law.
그는 장인과 사이좋게 지낼 수 없다.

0154 get at ~
~에 도달하다, 닿다(= reach)

Put this medicine where small children can't get at it.
작은 아들의 손이 닿지 않는 곳에 이 약을 놓으시오.

0155 get down to ~
~을 (진지하게) 시작하다

He finally got down to work.
그는 마침내 일에 매달렸다.

0156 get even with ~
~에게 복수하다

I'll get even with you for this insult.
이 모욕에 대해 너에게 복수할 거야.

0157 get going 출발하다, 시작하다(= begin)

"Let's get going?" "Yes, let's."
"자, 출발하자" "그래 떠나자"

0158 get one's own way 자기 멋대로 하다

He gets his own way in everything.
그는 모든 것을 자기 멋대로 한다.

0159 get over ~ ~을 극복하다, 회복하다(= overcome)

Mrs. White never got over the shock of her son's death.
화이트 부인은 아들의 죽음으로 인한 충격에서 벗어나지 못했다.

Have you got over your cold yet?
너는 아직 감기가 낫지 않았니?

0160 get rid of ~ ~을 처리[처분]하다, ~을 제거하다

It is not easy to get rid of a bad habit.
나쁜 습관을 제거하기는 쉽지 않다.

0161 get[rise] to one's feet 일어서다

All the students got to their feet when the teacher entered.
선생님이 들어오자 학생들이 모두 일어섰다.

0162 give [get, keep] in touch with ~
~와 연락을 취하다

I'll get in touch with you by telephone tomorrow.
내일 전화로 연락하겠다.

She keeps in touch with her parents in the country by phone.
그녀는 전화로 시골에 계신 부모님과 연락을 취하고 있다.

0163 give [lend] A a hand
도와주다(=help)

Please give[lend] me a hand with this trunk.
이 트렁크를 옮기는 데에 손을 빌려 주시겠어요?

0164 give A a lift [ride]   A를 태워주다

Will you give me a lift to the station, please?
역까지 차 태워 주시겠습니까?

0165 give a big [good] hand
우렁찬 박수를 보내다

Please give a big hand to Mr. White.
화이트 씨에게 우렁찬 박수를 보내주십시오.

0166
give[have, throw] a party 파티를 열다

I'm giving a party this evening.
오늘 밤에 파티를 엽니다.

0167
give away ~ ~을 주어 버리다, 기부하다(=donate)

She gave away all her party dresses.
그녀는 자기의 파티복을 모두 남에게 주었다.

0168
give birth to ~ ~을 낳다, ~의 원인이 되다

Kelly gave birth to a cute little baby.
켈리는 귀여운 아기를 낳았다.
Kindness gives birth to kindness.
친절이 친절을 낳는다.

0169
give off (빛, 냄새 등을) 내다, 발하다

This wild flower gives off a sweet scent.
이 야생화는 달콤한 향기를 낸다.

0170
give rise to ~ ~을 일으키다(=cause), ~을 만들다

His conduct gave rise to another problem.
그의 행동은 또 다른 문제를 일으켰다.

0171 go a good [long] way ~에 크게 도움이 되다

It went a long way with him.
그것은 그에게 크게 효과가 있었다.

0172 go around [round] 골고루 차례 갈 만큼 있다

There are enough apples to go around.
모두에게 돌아갈 만큼의 사과가 있다.

0173 go astray 길을 잃다(=get lost)

Better to ask the way than go astray.
길을 잃는 것보다 물어보는 것이 더 낫다. 〈속담〉

0174 go from bad to worse 점점 악화하다

Things went from bad to worse.
사태는 점점 악화했다.

0175 go in for ~ (취미, 습관, 일 등)을 하다, ~을 습관으로 하다

What sports do you go in for?
너는 어떤 스포츠를 하느냐?
She goes in for simple meals.
그녀는 늘 간단한 식사를 한다.

0176 go mad 미치다, 발광하다

After daughter's death, she went mad.
딸이 죽은 뒤, 그녀는 발광했다.
He has gone mad.
그는 미쳤다.

> ❂ 여기의 go는 become의 뜻. go 뒤에는 형용사가 온다.
> go blind 눈이 멀다
> go pale 창백해지다
> go bad 음식이 상하다

0177 go on with ~ ~을 계속하다

Go on with your work.
일을 계속하시오.

> ❂ 단순한 동명사의 앞에서는 go on을 쓴다. → go on reading 독서를 계속하나 「소유격 + 동명사」나 「명사」의 앞에서는 go on with를 쓴다.

0178 go out (불이) 꺼지다

The light went out suddenly.
갑자기 전등불이 꺼졌다.

0179 go out of business 실업자가 되다

He went out of business.
그는 실업자가 되었다.

0180 go over ~ ~을 넘어가다, 건너가다

He went over to England.
그는 영국으로 건너갔다.

0181 go pale 창백해지다

He went pale with fear.
그는 공포로 얼굴이 창백했다.

0182 go too far 너무 지나치다, 도가 지나치다

He went too far in his joking.
그의 농담은 도가 지나쳤다.

0183 hand down
(후세에) 전하다, 물려주다

This watch was handed down to me from my father.
이 시계는 아버지가 물려주신 것이다.

0184 hand out 나누어 주다

I handed out clothes to the sufferers.
그는 이재민에게 의류를 나누어 주었다.

0185 hand over 건네주다, 인도하다

The offender was handed over to the police.
그 죄인은 경찰에 인도되었다.

0186 hang around

[『영』 about] ❶ 서성이다 ❷ 기다리다

❶ Some people were hanging around at the entrance.
몇 사람이 입구에서 서성대었다.

❷ I hung around for an hour, but he didn't appear.
나는 한 시간이나 기다렸지만, 그는 나타나지 않았다.

0187 hang heavy on ~

부겁게 짓누르다, ~을 괴롭히다

The world hangs heavy on him.
세상사가 그를 무겁게 짓누르고 있다.

Time hangs heavy on his hands.
그는 시간을 주체할 수 없다.

0188 have a (good) mind to ~

(매우) ~하고 싶어 하다

I have a mind to help him.
나는 정말 그를 돕고 싶다.

0189 have a good opinion of ~
~을 높이 평가하다

We have a good opinion of your son.
우리는 당신의 아들을 높이 평가한다.

0190 have a hand in ~ ~에 관계하고 있다

He had a hand in the matter.
그는 그 일에 관계하고 있다.

0191 have a liking for ~ ~을 좋아하다

She has a great liking for cooking.
그녀는 요리를 매우 좋아한다.

0192 have a narrow escape
구사일생으로 살다

My uncle had a narrow escape from death.
우리 아저씨는 구사일생으로 죽음을 면했다.

0193 have an eye for ~ ~에 대한 안목이 있다

She has an eye for modern dance.
그녀는 현대 무용에 대한 안목이 있다.

0194 have access to ~ 이용할 수 있다

Everyone has access to the excellent library.
누구나 그 훌륭한 도서관을 이용할 수 있다.

> access 면회, 열람, 이용 등을 위한 접근을 의미

0195 have done with ~ ~와 인연을 끊다, ~을 끝내다

I have done with the work.
나는 그 일을 끝마쳤다.

0196 have ~ in common with
공통점이 있다

They have nothing in common with each other.
그들은 서로 공통점이 하나도 없다.

0197 have it (that) ~

❶ ~라고 한다 ❷ 주장하다, 말하다

❶ Rumor has it that another war is going to break out there.
소문에 그곳에서 또 전쟁이 일어나려 한다고 한다.

❷ Socrates has it : we must know ourselves.
소크라테스의 말처럼, 우리는 자신을 알아야 한다.

0198 have no choice
이러쿵저러쿵 할 권리가 없다

You have no choice in this matter.
너는 이 일에 이러쿵저러쿵 할 권리가 없다.

0199 have no idea [notion]
❶ ~을 모르다 ❷ ~일 줄 모르다

❶ I have no idea what you mean.
네가 말한 뜻을 나는 모른다.

❷ I had no notion that you were coming.
네가 올 줄은 몰랐어.(= not know)

0200 have no use for
소용없다

I have no use for lazy fellows.
나는 게으른 자는 소용없다.

0201 have ~ one's own way
제멋대로 ~하고 싶어 하다

He wants to have everything his own way.
그는 무엇이든 제멋대로 하고 싶어 한다.

0202 have the kindness to ~
친절하게도 ~하다

He had the kindness to show me the way to the station.
그는 친절하게도 나를 역으로 안내했다.

0203 have ~ to oneself   ~을 독차지하다

She has the large room to herself.
그녀는 그 큰 방을 독차지하고 있다.

0204 have words with~
~와 말다툼하다(=quarrel with)

I had words with my wife over our son's education.
나는 아들의 교육 문제로 아내와 말다툼했다.

> ○ have a word with~ ···에 대해 ~와 할 말이 있다
> I'd like to **have a word with** you. 드릴 말씀이 있습니다.

0205 have yet to ~   아직 ~하지 않다

This fact has yet to be widely recognized.
이 사실은 아직 널리 인정되어 있지 않다.

0206 help A on with B
A를 도와 B를 입혀 주다

I helped her on with her coat.
나는 그녀를 도와 그녀의 코트를 입혀 주었다.

> ● 반의표현 : help A off with B A를 도와 B를 벗겨 주다.

0207 help oneself to ~   ~을 마음대로 먹다

Help yourself to the wine.
와인을 마음대로 드십시오.

Please help yourself to the cake.
케이크 많이 드세요.

> ● help는 serve와 같은 뜻의 **접대하다, 시중들다**
> May I help you? 어서 오십시오, 무엇을 드릴까요?

0208 hint at ~   넌지시 비추다, 암시하다

He hinted at his own resignation.
그는 사직의 뜻을 넌지시 비쳤다.

He hinted at carelessness.
그는 부주의함을 넌지시 알렸다.

0209 hit on [upon] ~   ~을 생각해내다, (생각이) 떠오르다

At last she hit on[upon] a good idea.
마침내 그녀는 좋은 생각이 떠올랐다.

0210 hold A in esteem
A를 존경하다

The students hold Professor Green in high esteem.
학생들은 그린 교수를 대단히 존경하고 있다.

0211 hold on (잠시) 기다리다

Hold on, please.
(전화를) 끊지 말고 기다려 주세요.
Yes, hold on for just a moment.
예, 잠시만 기다려 주세요.

0212 hold on to ~
❶ ~을 꽉 잡다(=hang on to) ❷ ~을 고수하다

❶ She held on to the rock.
그녀는 그 바위를 꽉 잡고 있었다.
❷ She held on to her principal.
그녀는 자기의 소신을 고수했다.

0213 hold one's tongue
잠자코 있다, 입을 다물다

You should hold your tongue while someone else is talking.
다른 사람이 말하고 있는 중에는 잠자코 있어야 한다.

0214 hold up ❶ 지연시키다 ❷ 강도짓하다

❶ The ferry was held up by a dense fog.
그 연락선은 짙은 안개로 꼼짝 못했다.
❷ Masked men held up the stagecoach.
복면한 남자들이 역마차를 습격했다.

0215 impose A on B
A를 B에게 강요하다, A를 B에게 부과하다

You must not impose your opinion on others.
자기 의견을 타인에게 강요해서는 안 된다.

0216 impose on[upon] ~을 속이다, 이용하다

Some are imposed upon by fair words.
감언이설에 속는 사람이 있다.
Don't impose upon his kindness.
그의 친절을 이용해서는 안 된다.

0217 identify A with B A와 B를 동일시하다

Some people identify success with having a lot of money.
사람들은 부자가 되는 것이 성공이라고 여긴다.
They identified him with god.
그들은 그를 신(의 상징)으로 보았다.

○ 동의표현 : identify oneself with

0218 idle away 허송하다(= waste)

Don't idle away your time.
시간을 낭비하지 마라.

0219 inch one's way

조금씩 조심스럽게 나아가다

He inched his way through the crowd.
그는 군중을 헤치고 조금씩 조심스럽게 나아갔다.

0220 indulge oneself in ~

~에 빠지다, 몰두하다

He often indulges himself in daydreams.
그는 가끔 공상에 빠진다.

0221 inform A of B A에게 B를 알리다

I informed him of this at once.
나는 곧 그에게 그것을 알렸다.

0222 keep A from …ing A가 …하지 않도록 해두다

A heavy snow kept us from going to school.
우리는 폭설로 학교에 가지 못했다.

0223 keep A at a distance
A와 거리를 두다, 가까이 하지 않다

You had better keep him at a distance.
너는 그와 거리를 두는 것이 좋다.

> ○ keep one's distance from A도 같은 뜻이다.
> at a distance는 거리를 두고, 조금 떨어진 곳에서
> You'd see it better at a distance. 좀 떨어져서 보아야 더 잘 보인다.

0224 keep A to oneself
❶ A를 혼자만 알고 있다 ❷ 자기만의 것으로 해 두다

❶ Keep the news to yourself.
그 소식은 비밀로 해 두어라.
❷ John tried to keep Kelly to himself.
존은 켈리를 독점하려고 했다.

0225 keep an eye on
지켜봐 주다, ~에서 눈을 떼지 않다

Keep an eye on the baby.
그 아기를 지켜봐 주세요.

0226 keep[stand, stay] away from ~
~로부터 떨어져 있다

Keep away from the fire.
불에서 떨어져 있어라 → 불에 가까이 가지 마라.

0227 keep body and soul together
겨우 생계를 꾸려가다

In these days of rising prices it is difficult for us to keep body and soul together.
물가가 오른 요즘, 우리는 근근이 살아가기도 힘들다.

0228 keep clear of ~
~에 가까이 하지 않다, 피하다

I kept clear of alcoholic drinks while I was a student.
나는 학생 시절에 알코올 음료는 멀리 했다.

0229 keep company with ~
~와 사귀다

You must not keep company with such a mean fellow.
너는 그런 비열한 놈과 사귀어서는 안 된다.

0230 keep correct [good] time
시간이 정확하다

My watch keeps good time.
내 시계는 정확하다.

○ keep bad time 시간이 안 맞다

0231 keep early hours 일찍 자고 일찍 일어나다

Those who keep early hours are generally healthy.
일찍 자고 일찍 일어나는 사람은 대체로 건강하다.

> 반의표현 : keep late hours 늦게 자고 늦게 일어나다
> He always **keeps late hours**. 그는 항상 늦잠꾸러기이다.

0232 keep from ~ 피하다, ~하지 않고 있다

I could not keep from laughing.
나는 웃지 않을 수 없었다.

0233 keep off ~ ~에서 떨어져 있다

Keep off the grass.
잔디밭에 들어가지 마시오.

0234 keep on ~ing 계속하여 ~을 하다

He kept on smoking all the time.
그는 줄곧 담배를 피웠다.

0235 keep one's word 약속하다(= promise)

I'll keep my word if you keep yours.
네가 약속을 지키면 나도 지킬 것이다.

0236 keep out ~을 안에 들이지 않다

Shut the window and keep the cold out.
창문을 닫아 냉기가 들어오지 않도록 해라.

0237 keep out of ~

~의 밖에 있다, ~에서 떨어져 있다

He told the children to keep out of his room.
그는 어린이들에게 그의 방에 들어오지 말라고 말했다.

0238 keep the wolf from the door

간신히 먹고 살다

His small income barely kept the wolf from the door.
그의 적은 수입으로 간신히 먹고 살았다.

> wolf는 '굶주림'의 상징

0239 keep to ~ (약속, 계획 등)을 지키다

You must keep to the rules.
너는 규칙을 지켜야 한다.

Can you Keep to the topic?
주제에서 벗어나지 말아줄래?

You should always keep to the speed limit.
항상 제한 속도를 지켜야만 한다.

0240 keep track of ~ 기록하다

I kept close track of expenses.
나는 경비를 꼼꼼히 기록했다.

0241 keep up ~ (특정한 날씨가) 계속되다

The rain kept up for three days.
비가 사흘간 계속 내렸다.

0242 keep up[save] appearance
체면을 유지하다, 체면치레를 하다

They bought a foreign car in order to keep up appearances.
그들은 체면을 유지하기 위해 외제차를 샀다.

0243 know better(than to ~)
~할 정도로 어리석지는 않다

You should know better at your age.
네 나이라면 사려분별이 있어야 한다.
She knows better than to judge by appearances.
그녀가 외모로 사람을 판단할 정도로 어리석지는 않다.
He know better than to expect a kindness from his enemy.
그는 적으로부터 친절을 기대할 만큼 어리석지는 않다.

0244 know of ~ ~을 (들어) 알다

I know of him, of course; I don't know him.
물론 그에 대해서 들어 알고 있지만, 직접적으로 아는 것은 아니다.
Do you know of anyone you could recommend?
추천할 만한 누군가를 알고 있니?

> ○ know는 ~을 직접 알다, know of~는 ~을 간접적으로 소문 등을 들어 알다의 뜻으로 쓰인다.

0245 lay off ❶ (일시적으로) 해고하다 ❷ 쉬다

❶ I laid off work till four o'clock. 나는 4시까지 잠시 쉬었다.
❷ They laid one hundred men off work.
그들은 100명을 일시 해고했다.

0246 lay out ❶ ~을 펼치다, 진열하다 ❷ 설계하다(= plan)

❶ Her costume changes were laid out on a sofa.
그녀의 갈아입을 옷이 소파에 펼쳐져 있었다.
❷ A famous gardener laid out his flower garden.
유명한 정원사가 그의 정원을 설계했다.

0247 lead to ~ ❶ ~으로 통하다 ❷ 결과를 가져오다

❶ Does this road lead to the station?
이 길로 가면 역이 나옵니까?
❷ Diligence leads to success.
근면이 성공을 가져온다.

0248 **lean against[on] ~**   ~에 기대다

A man was leaning against the wall.
한 남자가 벽에 기대어 있었다.

0249 **learn A by heart**   A를 암기하다

You must learn the whole lesson by heart.
너는 그 과를 통째로 암기해야 한다.

0250 **leave behind**   ~을 뒤에 남기다

His father left nothing but debts behind for him.
그의 아버지는 그에게 빚만 남겼다.

0251 **leave no room for ~**   ~할 여지를 남기지 않다

That leaves no room for doubt.
그것은 의심할 여지가 없다.

0252 **leave off ~**   ~을 그만두다, 중지하다(= stop)

He left off work at six o'clock.
그는 6시에 일을 중지했다.

> ● 목적어는 때때로 -ing형태가 된다.
> Has it left off raining yet? 비가 아직 안 그쳤는가?

0253 leave nothing to be desired
더할 나위 없다, 완벽하다

Your idea leaves nothing to be desired.
너의 아이디어는 더할 나위 없이 좋다.

0254 leave out ~ ~을 제외하다, 생략하다

Leave out these two lines.
두 줄을 빼라.
Don't leave out any important thing.
중요한 것을 빼뜨리지 말아라.

0255 lend oneself to
❶ ~에 도움이 되다 ❷ ~에 가담하다

❶ The movie lends itself well to language study.
그 영화는 어학 공부에 대단히 도움이 된다.
❷ You should not lend yourself to such a transaction.
너는 그와 같은 업무에 가담해서는 안 된다.

0256 let go of ~ ~을 놓다

Let go of my hand.
내 손을 놓아라.
It's time to let go of the past.
이제 과거는 놓아야 할 때이다.

0257 **let on [out] ~**   ~을 누설하다, 폭로하다

Don't let on that we are engaged.
우리가 약혼한 것을 남한테 말하지 마라.
Don't let on to my mother that I lost my hat.
내가 모자를 잃어버린 것을 우리 엄마한테 말하지 마.

0258 **let up ~**   (비, 바람 등이) 멎다, 약해지다

The rain let up about seven.
비는 일곱시경에 멎었다.

0259 **lie in ~**   ~에 있다

Happiness lies in contentment.
행복은 만족에 있다.
I can't go on if you lies in the way.
당신이 길을 막으면 내가 갈 수가 없네요.

0260 **lie on one's face**   엎드려 있다

She was lying on his face.
그녀는 엎드려 자고 있었다.

> ○ lie on one's back 누워 있다
>   lie on one's side 옆으로 누워 있다

0261 live from hand to mouth
그날 벌어 그날 먹다

He was forced to live from hand to mouth.
그는 하루 벌어 하루 살 수밖에 없었다.

0262 live up to ~
~에 부응하다, ~에 부끄럽지 않은 생활을 하다

I will try to live up to your expectation.
나는 너의 기대에 부응하려고 힘쓸 것이다.

0263 long for ~   ~을 갈망하다

The children are longing for the summer vacation.
아이들이 여름방학을 갈망하고 있다.

0264 look A in the face   A의 얼굴을 빤히 쳐다보다

He looked me in the face.
그는 내 얼굴을 빤히 쳐다보았다.

0265 look after ~   ~을 돌보다

I'll look after your baby when you're gone.
나는 네가 없을 때 너의 아기를 돌보겠다.

0266 look back ~ 뒤돌아보다

I called her name but she didn't look back.
내가 그녀의 이름을 불렀지만, 그녀는 뒤돌아보지 않았다.

0267 look back on [upon] ~

~을 회고하다

As we grow old, we often look back on our childhood days.
우리는 나이를 들면서 가끔 어린시절을 회고한다.

0268 look on [upon] A as B

A를 B로 여기다

I look on him as one of the greatest scholar in this field.
나는 그를 이 분야에서 가장 훌륭한 학자로 여긴다.

We look on him as an imposter.
우리는 그를 사기꾼으로 간주했다.

> 동의표현 : regard A as B, think of A as B, consider A as B, take A as B

0269 look out on ~ ~를 향해 있다

The room looks out on the sea.
그 방은 바다를 향해 있다.

0270 look out 조심하다

Look out!
조심해!
Look out (that) you don't catch cold.
감기에 걸리지 않도록 조심해라.

0271 look[turn] to A for B A에게 B를 기대하다

I look to you for advice.
나는 너에게 충고를 기대한다.

0272 look to ~ ~에게 의지하다, 기대하다

Don't look to God for help only when you are in trouble.
어려울 때에만 신에게 도움을 바라면 안 된다.

0273 lose heart 낙담하다

If you should fail, don't lose heart.
만일 실패하더라도 낙담하지 마라.

0274 lose no time in ~ing 즉시 ~하다

He lost no time in sending the book back to me.
그는 즉시 책을 나에게 돌려주었다.

0275 lose one's senses 의식을 잃다

Have you lost your senses?
너 제정신이냐?

0276 lose sight of ~ ~을 시야에서 놓치다

We lost sight of our child in the crowd.
우리는 인파 속에서 아이를 놓쳤다.

You seem to have lost sight of your original objective.
너는 처음의 목표를 잃은 것 같다.

○ 반의표현 : catch sight of ~ ~을 찾아내다

0277 make [pull] a face
얼굴을 찌푸리다

She makes faces[a face] at that man.
그녀는 그 남자를 보자 얼굴을 찡그리고 있다.

0278 make a clean breast of ~
~을 모두 털어놓다

You had better make a clean breast of everything.
너는 모든 것을 털어놓는 것이 좋다.

0279 make a difference
차이가 나다, 차별을 두다

It **makes no difference** to me.
그것은 나에게 아무 차이가 없다(아무래도 좋다).

0280 make both ends meet
수지를 맞추다, 빚지지 않고 지내다

I found it difficult to **make (both) ends meet** on my salary.
나는 월급으로 빚지지 않고 생활하는 것이 어렵다는 것을 알았다.

0281 make certain of ~ ~을 확인하다

I have come here to **make certain of** the fact.
나는 그 사실을 확인하러 이곳에 왔다.

0282 make friends with ~ ~와 친해지다

I **made friends with** an Americans lady at the party.
나는 그 파티에서 미국 여성과 친해졌다.

> ○ 서로 친구가 되다라는 내용이므로, 상대가 혼자라도 friend**s**는 복수형이 된다. shake hand**s** with ~와 악수하다, change car**s**(bus**es**) 차(버스)를 갈아타다도 명사가 복수형인데, 이것을 '상호복수'라고 한다.

0283 make for ~ ~쪽을 향해 나아가다

Seeing a light, I made for it.
불빛을 보고 나는 그곳으로 갔다.

0284 make fun[a fool, an ass] of ~
~을 바보 취급하다, 놀리다

It's not nice to make fun of others.
타인을 웃음거리로 만드는 것은 좋지 않다.
I don't like being made a fool of.
나는 놀림감이 되는 것이 싫다.

> ◯ make a fool of oneself 는 바보짓을 하다, 〈그 결과〉 웃음거리가 되다
> Don't make a fool of yourself. 웃음거리가 되지 마라.

0285 make good ❶ 보상하다, 메워주다 ❷ 이행하다

❶ They made good the loss.
그들은 손실을 보상했다.
❷ Teddy made good what he had said he'd do.
테디는 한다고 말한 것은 이행했다.

0286 make head or tail of ~
~을 이해하다(=understand)

I cannot make head or tail of what you say.
나는 네가 말하는 것을 이해할 수 없다.

0287 make no difference 중요하지 않다

It makes no difference whether or not you join.
네가 참가하든 말든 중요하지 않다.

0288 make one's way
(노력해서) 나아가다, 출세하다

As we made our way toward the town, the church tower came into view.
우리가 마을로 나아감에 따라, 교회의 탑이 보였다.

0289 make oneself at home 편히 하다

Please make yourself at home, and help yourself to coffee.
집처럼 편안히 계시고, 커피를 드세요.

0290 make sense
❶ 뜻이 통하다 ❷ 이치에 맞다, 현명하다

❶ He was so drunk that what he spoke didn't make sense.
그는 너무 취해서 말이 횡설수설했다.
❷ His answer does not make sense.
그의 대답은 이치에 맞지 않는다.
It makes sense to save money for one's old age.
노후를 위해 예금을 하는 것은 현명하다.

0291 **make oneself understood**
자신의 말을 이해시키다

Can you make yourself understood in English?
너는 영어로 의사소통을 할 수 있느냐?

0292 **make room for ~** 자리를 양보하다

He made room for the old lady on the bus.
그는 버스에서 할머니에게 자리를 양보했다.

0293 **make sense of ~**
~을 이해하다 〈부정문, 의문문에서〉

Can you make sense of what the politician is saying?
그 정치가가 하는 말을 이해할 수 있느냐?

0294 **make sure** ❶ 확인하다 ❷ 꼭 ~하도록 하다

❶ I'll make sure how many books we need.
책이 몇 권이나 필요한지 확인할 것이다

Please make sure the door is shut.
문이 닫혀 있는지 확인해 주시오.

❷ Make sure that you arrive at seven.
꼭 7시에 도착하도록 해라.

make way for ~ ~을 위해 자리를 내어주다

The onlookers made way for the stretcher.
구경꾼들은 들것을 위해 길을 열었다.

manage to ~ 어떻게든 해서 ~하다

I managed to get there on time.
나는 어떻게든 늦지 않고 그곳에 도착했다.

We managed not to catch cold.
우리는 어떻게 해서든 감기에 걸리지 않았다.

mistake A for B
A를 B라고 잘못 생각하다[알다]

I often mistake Kelly for her younger sister.
나는 가끔 켈리를 그녀의 여동생과 착각한다.

must needs ~
❶ 고집스럽게 ~하려 하다 ❷ ~하지 않을 수 없다

❶ Dick had a temperature, but he must needs go to school.
딕은 열이 있었지만, 굳이 학교에 가겠다고 말한다.

❷ This work must needs be done within the week.
이 일은 어떻게든 금주 안에 끝내지 않으면 안 된다.

> needs 반드시, 꼭

0299 name A after B
B의 이름을 따서 A로 짓다

He was named George after his grandfather.
그는 할아버지의 이름을 따서 조지라고 이름 붙여졌다.

0300 object to ~ ~에 반대하다

He will object to your going abroad.
그는 네가 해외에 가는 것을 반대할 것이다.

0301 occur to ~ 떠오르다, 생각나다

A good idea occurred to me.
좋은 생각이 떠올랐다.

0302 order A from B A를 B에 주문하다

I ordered Hemingway's 'Farewell to Arms' from Amazon's.
나는 아마존에서 헤밍웨이의 '무기여 잘 있거라'를 주문했다.

0303 pay for ~ ~의 대금[대가]을 지불하다

How much did you pay (him) for this shoes?
이 구두값으로 얼마를 (그에게) 지불했느냐?

0304 persuade oneself (that[of]) ~
~을 믿다

John persuaded himself that they were happy.
= John persuaded himself of their happiness.
존은 그들이 행복하다고 믿었다.

0305 play a part [role] 역할을 하다

Korea must play an important role in maintaining world peace.
한국은 세계 평화 유지에 중요한 역할을 해야만 한다.

0306 play a trick [tricks] on A
A에게 장난치다

He likes to play a tricks on his friends.
그는 친구에게 장난치기를 좋아한다.
You must not play a tricks on others.
타인을 속여서는 안된다.

0307 play with ~   ~을 가지고 놀다

Don't play with the knife.
그 칼을 가지고 놀지 마라.

0308 press A upon B
B에게 A를 밀어부치다, A를 맹렬히 공격하다

I won't press my opinion upon you.
나는 너에게 내 의견을 강요하지 않겠다.

0309 prevail on A to 부정사 B
A를 설득하여 B하게 하다

He prevailed on the farmers to try the new seeds.
그는 농부들을 설득하여 새 씨앗을 사용하게 했다.

0310 prevent A from …ing
A가 …하는 것을 방해하다

The heavy snow prevented me from coming in time.
폭설 때문에 제시간에 오지 못했다.

Because of cold prevent me from going to school.
감기 때문에 나는 학교에 가지 못했다.

0311 prohibit A from …ing
A가 …하는 것을 금하다

An accident prohibited me from taking part in the meeting.
사고가 있어서 나는 그 모임에 참석할 수 없었다.

0312 provide A with B
A에게 B를 공급[제공]하다

He could not even provide his family with food and clothes.
그는 그의 가족에게 음식이나 옷을 주는 것조차 할 수 없었다.

> 동의표현 : furnish A with B A에게 B를 공급하다

0313 provide against ~   ~에 대비하다

Provide against a storm.
폭풍우에 대비하라.

> 이것은 특히 재난이나 사고 등에 대한 '대비'의 뜻으로 쓰인다.

0314 pull up ~   ❶ (차가) 멈추다 ❷ (차를) 세우다

❶ He pulled up at the traffic light.
그는 신호등에서 차를 멈추었다.

❷ She pulled her car up at the gate.
그녀는 차를 대문 있는 곳에 세웠다.

0315 put A through to B
A의 전화를 B에게 연결해 주다

Please put me through to the manager.
지배인에게 (전화를) 연결해 주세요.

0316 put A to flight A를 패주시키다

The Germans were put to flight.
= The Germans took to flight.
독일군은 패주했다.

0317 put A to shame A에게 창피를 주다

He put me to shame in public.
그는 사람들 앞에서 나에게 창피를 주었다.

0318 put A to use A를 이용하다. 사용하다.

He Put his knowledge to good use.
그는 자기 지식을 충분히 사용했다.

0319 put away 치우다

Put away your toys before you go out.
외출하기 전에 네 장난감을 치워라.

0320 put ~ into practice ~을 실행에 옮기다

In my opinion, it's very hard to put this plan into practice.
이 안을 실행에 옮기기는 매우 어렵다.

0321 put [set] ~ in order
~을 정리하다, 정돈하다

I put my ideas in order before the speech.
나는 연설하기 전에 생각을 정리했다.

My wife puts[sets] the room in order every day.
아내는 매일 방을 정돈한다.

0322 put out ~   ~을 끄다

The firemen soon put out the fire.
그 소방수는 곧 불을 껐다.

> ○ put out은 타고 있는 불이나 켜 있는 등을 끄다이고, turn off는 주로 가스, 라디오, 수도 따위의 스위치나 코크를 끄고 잠그는 것이다. 불을 켜다는 put on

0323 put ~ together
~을 합치다, 나란히 놓다

I put all this together and I supposed he would run for Parliament.
이 모든 것을 종합하여 생각하건대, 그는 의회에 출마할 것으로 여겨진다.

0324 put up at ~   ~에 묵다, 숙박하다

He was short of money, and put up at a shabby inn.
그는 돈이 부족하여, 허름한 여인숙에 묵었다.

0325 **rain cats and dogs** 비가 억수같이 퍼붓다

It's raining cats and dogs.
비가 억수같이 쏟아지고 있다.

> 중세의 미신에서, 고양이는 비를, 개는 바람을 부른다고 믿은 데에서 유래했다는 설이 있다. 동의표현에 rain in torrents가 있다.

0326 **reach (out) for ~**

~을 잡으려고 손을 뻗다

He reached for a box on the shelf.
그는 손을 뻗어 선반 위의 상자를 잡으려고 했다.

0327 **read between the lines**

(말, 글의)숨은 뜻을 이해하다

Don't believe everything your hear. Learn to read between the lines.
들은 말을 전부 믿지 말라. 말 속의 숨은 뜻을 이해하도록 하라.

0328 **reason A into …ing**

A를 설득하여 …하게 하다

I reasoned him into accepting the job.
나는 그를 설득해서 그 일을 받아들이도록 했다.

0329 reduce to ~ ~으로 줄이다

We have reduced our expenditure almost to nothing.
우리는 경비를 거의 0으로 줄였다.

0330 refer to A as B A를 B로 부르다

The American Indians referred to salt as "magic white sand".
미국 인디언들은 소금을 '마법의 흰 모래'라고 불렀다.

0331 reflect on ~ 곰곰이 생각하다, 반성하다

Reflect on what I have said to you.
내가 너에게 한 말을 잘 생각해 보라.

0332 refrain from ~ing ~을 삼가다, ~을 자제하다

You should refrain from drinking too much.
너는 과음을 자제해야 한다.

0333 remind A of B A에게 B를 생각나게 하다

This picture reminds me of your brother.
이 사진은 나에게 너의 형을 생각나게 한다.
I was reminded of my promise at the sight of you.
너를 보니 나의 약속이 떠올랐다.

0334
relieve A of B A로부터 B를 제거하다

The medicine relieved him of his acute pain.
그 약이 그를 고통에서 해방했다.

> 이와 같은 표현에는 다음과 같은 것들이 있다.
> rob A of B A로부터 B를 빼앗다 / cure A of B A로부터 B를 고치다
> deprive A of B A로부터 B를 박탈하다 / clear A of B A로부터 B를 치우다

0335
repent of ~ ~을 후회하다

He repented of his early marriage.
그는 일찍 결혼한 것을 후회했다.

0336
resort to ~ ~에 의존하다, (폭력)을 쓰다

He finally resorted to stealing.
그는 마침내 도둑질까지 했다.

0337
rest on ~ ~을 믿다

I rest on his promise.
나는 그의 약속을 믿었다.

0338
rid A of B A에서 B를 제거하다

We must rid the house of rats.
우리는 집에서 쥐를 제거해야 한다.

0339 **rob A**(사람이나 장소) **of B**(사물)
A로부터 B를 빼앗다

The man robbed me of my bag.
그 남자가 나의 가방을 빼앗았다.

> 이 of는 ~으로부터, ~으로부터 떨어져의 뜻이다. 위의 예문을 직역하면, 그 남자가 나의 가방으로부터 나를 빼앗았다가 된다, 즉, 우리가 사람으로부터 물건을 빼앗다라고 생각하는 것을 영미인은 물건으로부터 사람을 빼앗다라고 생각하는 것이다.

0340 **root out** 뿌리 뽑다, 근절하다

Root out all the evils from our town.
우리 마을에서 모든 악을 추방하라.

Our campaign is aimed at rooting out corruption.
우리의 캠페인은 부패 근절을 목표로 하고 있다.

0341 **rub out ~** ~을 닦아내다

I rubbed out the pencil marks.
나는 연필 자국을 지워 버렸다.

0342 **rule out ~** ~을 제외시키다

This decision doesn't rule out possible changes later on.
이 결정은 나중에 변경 가능을 배제하지 않는다(변경 가능하다).

0343 run[go on] errands for ~ ~의 심부름을 가다

Tom will run errands for you.
탐이 너의 심부름을 갈 것이다.

0344 run the risk of ~ 위험을 무릅쓰다, 모험을 하다

He ran the risk of losing his life.
그는 목숨을 걸고 했다.

0345 say farewell to ~ ~에게 작별 인사를 하다

He said farewell to her. = He said her farewell.
그는 그녀에게 작별을 고했다.

0346 search for ~ ~을 찾다

She was searching for the missing cat.
그녀는 잃어버린 고양이를 찾고 있었다.

0347 see (to it) that ~

~ 하도록 유념하다(= make sure that)

Please see (to it) that the door is locked.
문을 반드시 닫아 주십시오.

● to it을 생략하는 것이 구어체. it 은 that 이하의 가목적어

0348 see A off A를 배웅하다

We went to the airport to see our mother off.
우리는 어머니를 배웅하러 공항에 갔다.

0349 see to ~ 처리하다(=deal with)

You go and play. I'll see to the dishes.
나가서 놀아라. 설거지는 내가 할 테니까.

0350 seek for[after] ~ ~을 찾다, ~을 구하다

We are seeking for[after] a solution to the problem.
우리는 그 문제의 해결법을 찾고 있는 중이다.

0351 send for ~ ~을 부르러[가지러] 보내다

Send for the baggage immediately.
즉시 화물을 가지러 사람을 보내라.
We'd better send for help.
사람을 보내 도움을 청하는 편이 좋겠다.

0352 serve A right A에게 당연한 보답이다, 고소하다

It will serve him right if he fails the exam. He didn't study at all.
그는 시험에 떨어질 게 뻔해. 전혀 공부하지 않았으니까.

0353 serve as [for] ~ ~로 소용되다

This log will serve as[for] a chair.
이 통나무는 의자 대용이 될 것이다.
This rock will serve as a table.
이 바위는 탁자 대용으로 쓰여질 것이다.

0354 set A ~ing A에게 ~을 하게 하다

His speech set me thinking about the future.
= His speech set me to thinking about the future.
그의 연설을 듣고 나는 장래에 대해 생각했다.

0355 set about ~ ~에 착수하다, 시작하다(=begin)

The writer set about his new work great eagerness.
그 작가는 대단한 열의를 가지고 새 작품에 착수했다.

0356 set in ~ ~시작하다(=begin)

The rainy season has set in.
장마철이 시작되었다.

0357 set off [forth] 출발하다(=start)

When are you going to set off on your trip?
너는 언제 여행을 떠나려 하느냐?

0358 set sail 출범하다

They set sail for New York yesterday.
그들은 어제 뉴욕을 향해 출범했다.

0359 set to ~ ❶ ~에 착수하다 ❷ 싸우기 시작하다

❶ They set to work.
그들은 일을 시작했다.

❷ The girls set to.
여자들은 싸우기 시작했다.

0360 set[put, lay] store by ~ ~을 중시하다

I set great store by what he says.
나는 그의 말을 중시한다.

I set great store by Dr.Smith's predictions.
나는 스미스 박사의 예언을 매우 중시하고 있다.

> ○ store의 앞에 great나 much, little 등의 형용사가 붙는다.

0361 shake hands with ~ ~와 악수하다

I shook hands with him.
나는 그와 악수했다.

0362 show A around B
❶ A를 안내하다 ❷ A를 데리고 B를 안내해 주다

❶ When you come to Seoul, I'll show you around.
서울에 오면 내가 너를 안내해 주겠다.
❷ She showed me around the campus.
그녀는 나를 데리고 캠퍼스를 안내해 주었다.

0363 single out 선출하다, 선발하다

Tom was singled out for praise.
탐이 뽑혀서 칭찬을 들었다.

0364 sit for ~
『영』 (시험을) 치르다(= take)

We sat for the entrance examination.
우리는 입학[입시]시험을 치렀다.

0365 sit up late
밤늦도록 안 자다

He sat up late last night working on the documents.
그는 어젯밤 그 문서를 조사하면서 밤늦도록 자지 않았다.

○ sit up all night 철야하다

0366 sound like ~ ~처럼 들리다[생각되다]

Your English sounds a bit like German.
너의 영어는 약간 독일어처럼 들린다.
What she said sounds like a fiction.
그녀가 말한 것은 마치 지어낸 얘기처럼 들린다.

> ✪ sound의 뒤에 절이 오면 like는 as if가 된다.
> This record sounds **as if** it is cracked. 이 레코드는 깨진 것 같은 소리가 들린다.

0367 speak highly of ~ 칭찬하다

Everyone spoke highly of him.
모든 사람이 그를 칭찬했다.

0368 speak up 큰 소리로 말하다

Could you speak up so everyone can hear?
모든 사람이 들을 수 있도록 큰 소리로 말해 주시겠어요?

0369 spring from ~ ~에서 생기다

Where did that foolish idea spring from?
어디서 그런 바보 같은 생각이 나왔느냐?
Where on earth did you spring from?
도대체 넌 어디서 갑자기 나타난거니?

0370 spring to one's feet 벌떡 일어서다

He sprang to his feet when he heard the scream.
그는 비명 소리를 듣고 벌떡 일어섰다.

0371 stand by ❶ 방관하다 ❷ 지원하다

❶ We stood by while the two men quarreled.
우리는 두 남자가 싸우고 있는 동안 방관하고 있기만 했다.

❷ He always stood by his employees in difficult times.
그는 늘 종업원이 어려운 때에 지원해 주었다.

0372 stand for ❶ ~을 나타내다 ❷ 〈의문문이나 부정문에서〉~을 참다

❶ M.S. stands for Manuscript.
M.S.는 manuscript(원고)를 나타낸다.

'BBC' stands for British Broadcastion Corporation.
BBC는 영국방송협회를 나타낸다.

❷ I won't stand for such rude behavior.
그와 같은 무례한 행동에 참을 수 없다.

0373 stand[be] in need of ~ ~이 필요하다

The ship stands in need of repairs.
그 배는 수리할 필요가 있다.

0374 stand out 두드러지다, 돋보이다

One thing stood out in his career as a politician.
정치가로서의 그의 경력 중에서 한 가지가 눈에 띄었다.
The tower stood out against the blue sky.
그 탑은 파란 하늘을 배경으로 돋보였다.

0375 stay at[in] ~ ~에 머물다

We stayed at[in] a hotel.
우리는 호텔에 머물렀다.

0376 stay away from ~ ~에 결석하다

Tom has stayed away from school for a week.
탐은 일주일간 학교에 나오지 않고 있었다.

0377 stem from ~ ~에서 기인하다, 유래하다

His failure stems from his ignorance.
실패는 무지에서 생긴다.

0378 stick to ~ ~을 지키다, ~에 충실하다

Once you make a decision, you must stick to it.
일단 정했으면, 그것을 지켜야 한다.
You must stick to your promise. 너는 약속을 지켜야 한다.

0379. stop short 갑자기 멈추다

He stopped short at the gate.
그는 문 있는 곳에서 갑자기 멈추었다.

0380. strive for 얻으려고 노력하다

We strive for what we want.
우리는 원하는 것 때문에 얻으려고 노력한다.

0381. struggle to one's feet
간신히 일어서다

The old man struggled to his feet.
그 노인은 일어서려고 애썼다.

0382. struggle with ~ ~와 싸우다

He is still struggling with his disease.
그는 아직도 투병 생활을 하고 있다.

0383. stumble on [across]
우연히 만나다[발견하다]

He stumbled across an old friend in front of the station.
그는 역 앞에서 우연히 옛 친구를 만났다.

0384 substitute A for B B대신에 A를 쓰다

You can substitute milk for cream.
크림 대신에 우유를 쓸 수 있다.

> ○ 동의표현 : replace B with A
> She finally replaced the word processor with a personal computer.
> 그녀는 결국 워드프로세서를 PC로 바꾸었다.

0385 succeed to ~ ~의 뒤를 잇다, 계승하다

He will succeed to the throne.
그는 왕위를 계승할 것이다.

0386 suffer from ~ (병)으로 고통 받다, 병을 앓다

He suffers from high blood pressure.
그는 고혈압을 앓고 있다.

My father is suffering from a bad cold now.
우리 아버지는 지금 심한 감기에 걸리셨다.

0387 sum up ~ ❶ ~을 요약하다 ❷ 판단하다, 평가하다

❶ Sum up the writer's argument.
그 작가의 논점을 요약하라.

❷ He summed up the situation quickly.
그는 상황을 빨리 파악했다.

0388 supply A with B A에게 B를 공급[제공]하다

The school supplies the pupils with text books.
그 학교는 학생들에게 교과서를 지급한다.

0389 sympathize with ~ ~에게 동정하다

He sympathized with the people in their afflictions.
그는 그들의 고통에 동정했다.

0390 take a fancy to ~
~을 좋아하게 되다, ~이 마음에 들다

He has taken a fancy to the house.
그는 그 집이 마음에 들었다.

0391 take A apart A를 분해하다(= disassemble)

It is much easier to take a TV apart than to put it together again.
텔레비전을 분해하는 것은 조립하는 것보다 훨씬 쉽다.

0392 take A for granted
A를 당연히 ~라고 여기다

I took it for granted that you would go with me.
나는 당연히 네가 나와 함께 가줄 것으로 여겼다.

take A for B A를 B라고 여기다, A를 B로 잘못 알다

I took him for a Japanese.
나는 그가 일본인인 줄 알았다.
I took him for his brother.
나는 그를 그의 형인 줄 알았다.

> 동의표현 : mistake A for B
> I often mistake Jane for her younger sister.
> 나는 이따금 제인을 그녀의 여동생으로 잘못 안다.

take care of ~ ~을 돌보다

You must take good care of the valid.
너는 그 환자를 잘 돌봐야 한다.

take charge of ~ ~을 맡다, 담임하다

Please take charge of this key?
이 열쇠를 맡아주세요.
Who will take charge of the office?
그 직무는 누가 담당할 것이냐?

take effect 시행되다, 발효되다

The law will take effect shortly.
그 법은 곧 시행될 것이다.

0397 **take it easy** 서두르지 않다, 느긋하게 생각하다

You always take it too easy.
너는 늘 일을 너무 느긋하게 생각한다.

0398 **take leave of ~**
~에게 작별 (인사)하다(= say good-by to)

She took a polite leave of us.
그녀는 우리에게 공손히 작별인사를 했다.

0399 **take no notice of ~** ~을 무시하다

He took no notice of my advice.
그는 나의 충고를 무시했다.

0400 **take offense** 화내다

I hope you will not take offence at what I (have to) say.
내 말을 듣고 화내지 않기를 바란다.

0401 **take one's time** 천천히 하다

Take your time and tell me everything.
서두르지 말고 전부 말해라.

> ● take time : 시간이 걸리다
> I'm afraid this task will take time. 이 일은 시간이 걸릴 것 같다.

0402 take over ~   ~을 떠맡다, 인계받다

I'll take over your duties.
내가 너의 직무를 맡을 거야.

0403 take place   개최하다, (사건이) 일어나다

Norman conquest took place in 1066.
노르만인의 잉글랜드 정복은 1066년에 일어났다.

0404 take[find, seek] shelter from ~
~로부터 대피하다, 피난하다

We took shelter from the rain under a big tree.
우리는 큰 나무 밑에서 비를 피했다.

0405 take side ~   ~의 편을 들다

My mother never takes sides when my sister and I argue.
여동생과 내가 언쟁할 때에 어머니는 누구한테도 편들지 않으신다.

> 동의표현 : take the side of, take sides with~

0406 take the liberty of ~ing   결례를 무릅쓰고 ~하다

I take the liberty of telling you this.
나는 염치없이 당신에게 이 말을 합니다.

0407 take turns (at [in]) ~ing
교대로 ~을 하다(=alternate)

We took turns (at [in]) washing the dishes.
우리는 교대로 접시를 씻었다.

0408 take up
❶ (일, 취미 등을) 시작하다 ❷ (시간, 장소를) 차지하다

❶ He took up golf [the violin, English] this spring.
그는 올 봄부터 골프[바이올린, 영어]를 시작했다.

❷ The table takes up a lot of space in this room.
그 테이블이 이 방에서 상당히 큰 장소를 차지하고 있다.

0409 talk A into ~ing   A를 설득하여 ~하다

He talked his father into buying another car.
그는 아버지를 설득하여 차 한 대를 더 샀다.

0410 tell A off
❶ A를 꾸짖다(=scold) ❷ 깎아내리다

❶ Her boss told Betty off for being late.
그녀의 상사는 베티가 지각한 것에 대해 꾸짖었다.

❷ His wife began telling him off in front of the guests.
그의 아내는 손님들이 있는 앞에서 그를 헐뜯기 시작했다.

0411 tell on ~   ~에 영향을 미치다, ~에 작용하다

My age is beginning to tell on me.
내 나이가 나에게 영향을 미치기 시작하고 있다.(=나도 나이에는 어쩔 수 없다)

0412 think A over ~   A를 숙고하다

You must think the matter over.
너는 그 문제를 잘 생각해야 한다.

0413 think better of ~

❶ 다시 생각하다 ❷ 높이 평가하다, 다시 보다

❶ I was going to ask him to help, but I thought better of (doing) it.
그에게 도움을 부탁하려고 했지만, 생각을 고쳐먹었다.
❷ Now I think better of you for having done it.
그것을 했으니 이제 너를 다시 본다.

0414 think nothing of ~

~을 아무렇지 않게 생각하다

He seems to think nothing of working all night.
그는 철야로 일하는 것을 아무렇지 않게 생각하는 것 같다.

> ⊙ Think nothing of it! 별말씀을 다 하십니다.(사과나 감사에 대한 응답)
> think much of 중시하다 / not think much of 낮게 평가하다

0415 think of ~ ❶ 생각나다 ❷ ~에 관심을 보이다

I cannot think of any good idea.
나는 좋은 아이디어가 전혀 생각나지 않는다.
She thinks of nobody but herself.
그녀는 자기 이외에 아무도 관심이 없다.

0416 think of A as B A를 B라고 생각하다

We think of him as a great statesman.
우리는 그를 위대한 정치가라고 생각한다.

0417 throw up 토하다

He threw up his breakfast.
그는 아침 먹은 것을 토했다.

0418 tide over ~ ~을 극복하다, 넘기다

He may not be able to tide over the difficulty.
그는 그 고난을 극복할 수 없을지 모른다.
We must tide over many difficulties.
우리는 많은 어려움을 극복해야 한다.
He sold his car to tide himself over his financial difficulties.
그녀는 경제적 곤란을 극복하기 위해 차를 팔았다.

0419 touch at ~   ~에 들르다, 기항하다

The ship will touch at Busan and Incheon.
그 배는 부산과 인천에 기항할 것이다.

0420 treat A to B   A에게 B를 대접하다, 한턱내다

Tom treated me to a good dinner.
탐이 나에게 근사한 저녁을 샀다.

0421 trifle with ~   ~를 경시하다, 가볍게 보다

I beg you not to trifle with me.
제발 놀리지 마.

0422 trust A with B = trust B to A
A에게 B를 맡기다

I would trust him with my life.
그라면 나의 목숨을 맡겨도 좋다.

0423 trust to ~   ~을 의존하다(=rely on)

Don't trust to chance.
우연을 의존하지 마라 – 운에 맡기지 마라(노력하라).

0424 try out (효과를 알기 위해) 실제로 써 보다, ~을 시험하다

I think this idea will work. Let's try it out.
이 아이디어는 잘 될 것 같아. 실제로 해 보자.

0425 turn a deaf ear to ~
~에 귀를 기울이려 하지 않다

She turned a deaf ear to my advice.
그녀는 나의 충고에 귀를 기울이려 하지 않았다.

0426 turn A upside down
A를 뒤집다[거꾸로 하다]

I turned the table upside down to fix it.
나는 수리하려고 테이블을 뒤집었다.

0427 turn into ~ ~이 되다, 변하다

Tadpoles turn into frogs.
올챙이는 개구리로 변한다.

0428 turn over 뒤집다

Turn the card over, please.
카드를 뒤집어 주세요.

0429 turn over a new leaf
마음을 고쳐먹다, 새 출발하다

You must turn over a new leaf and work as hard as possible.
마음을 고쳐먹고 되도록 열심히 공부하지 않으면 안 된다.

I must turn over a new leaf, so that I may not fail again. 다시 실패하지 않기 위해 새 출발을 해야 한다.

○ turn over는 (페이지 등을) 넘기다, leaf는 (책의) 페이지로, 너는 새 페이지를 넘기다가 이 관용구의 본래 의미이다.

0430 turn ~ to (good) account
~을 (잘) 이용하다, 활용하다

He turned his experience to good account.
그는 자기의 경험을 잘 살렸다.

○ 동의표현 : put ~ to account, make (good) use of ~

0431 up to ~   ~의 책임이다, ~가 해야 할 것이다

It's up to you to tell him.
그에게 말해야 할 것은 너이다.

0432 wait for ~   ~을 기다리다

Time and tide wait for no man.
세월은 사람을 기다리지 않는다.

0433 walk on tiptoe 살금살금 걷다

He walked on tiptoe.
그는 발끝으로 살금살금 걸었다.

0434 want for nothing 부족한 것이 없다

You shall want for nothing as long as I live.
내가 살아 있는 한, 너는 부족한 것이 없을 것이다.

0435 watch out ~ ~을 경계하다, 조심하다

Watch out, the man has a gun!
조심해, 그 남자는 총을 가지고 있어.

0436 win the day 싸움에 이기다, 성공하다

His courage won the day.
그의 용기 덕택에 싸움에서 이겼다.

0437 work at ~ ~에 종사하다, ~을 연구하다

He began to work at social reform at the age of twenty.
그는 20살부터 사회개혁 사업에 활동하기 시작했다.

우리가 잘못알고 쓰는 콩글리쉬

한국어	콩글리쉬	영어
핸드폰	hand phone	cellular phone
아이쇼핑	eye shopping	window shopping
비닐하우스	vinyl house	greenhouse
스킨	skin	after-shave lotion
그룹사운드	ground sound	musical band / band
마이크	mike	microphone
바바리코트	burberry coat	trench coat
와이셔츠	Y-shirt	dress shirt
넥타이	necktie	tie
롱코트	long coat	overcoat
카센터	car center	auto repair shop
오픈카	open car	convertible
에어컨	aircon	air-conditioner
가스레인지	gas range	stove
스텐드	stand	desk lamp
오토바이	autobike	motorcycle
전자레인지	range	microwave oven
더치페이	dutch pay	dutch treat
호치키스	hotchkiss	stapler
스카치 테이프	scotch tape	adhesive tape
워밍업	warming-up	warm-up
썬그라스	sunglass	sunglasses
믹서기	mixer	blender
프라이팬	fry pan	frying pan
백밀러	back mirror	rear view mirror
미팅	meeting	blind date
썬크림	sun cream	sun block
아르바이트	arbeit	part-time job

다시 한번 더 check 하기

A 보기의 표현들을 활용하여 아래 문장을 완성하시오.

| look after | be near at hand | enough to |
| too much for | keep early hours | help oneself to~ |

1 He was kind _____ show me the way to the station.
그는 친절하게도 나를 역까지 안내해 주었다.

2 Those who _____ are generally healthy.
일찍 자고 일찍 일어나는 사람은 대체로 건강하다.

3 My birthday _____.
내 생일이 목전에 다가온다.

4 This poem is _____ me.
이 시는 나에게 너무 어렵다.

5 Please _____ the cake.
케이크 많이 드세요.

6 I'll _____ your baby when you're gone.
나는 네가 없을 때 너의 아기를 돌보았다.

B 다음 영어표현을 우리말로 쓰시오.

1 play with~ _____

2 go out of business _____

3 excuse oneself from~ _____

4 be to blame for~ _____

5 do more harm than good _____

C 다음 영어표현에 주의하면서 우리말로 해석하시오.

1 The children are longing for the summer vacation.
_____

2 Have you got over your cold yet?
_____

3 Your condition will soon change for the better.
_____

4 You have to apologize to her for your rude behavior.
_____

Answer 353p

쉬어가는 코너
영어 퍼즐로 단어 쉽게 익히기 02

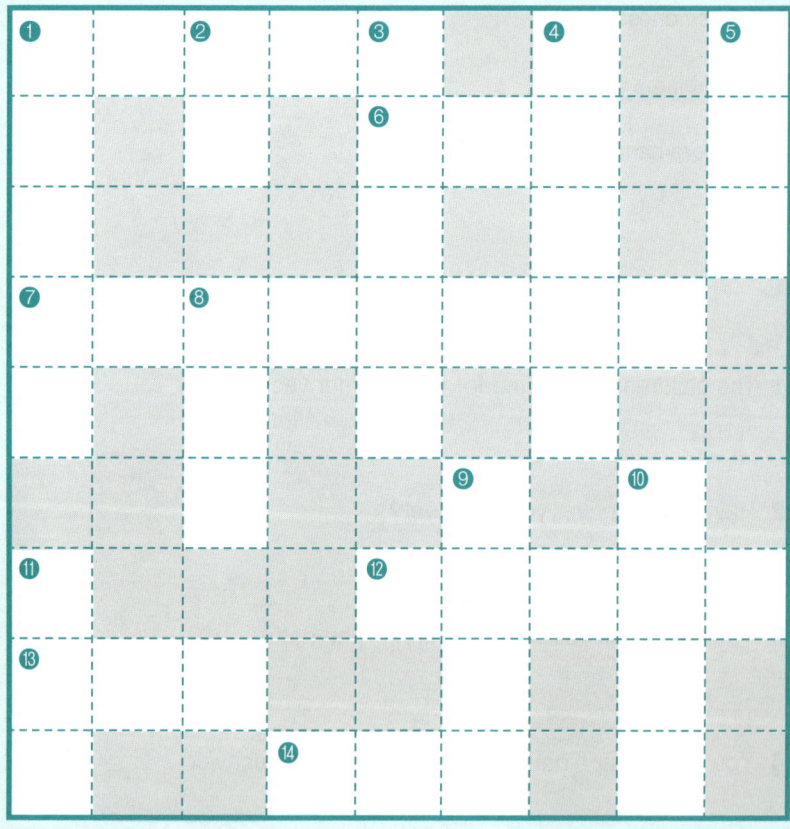

Answer 350p

가로열쇠

❶ (테니스, 배구 등) 경기장, 법정
❻ ha와 같은 뜻으로, 아하, 야!
❼ 우산
⓬ 일기, 일기장. keep a _____ 일기를 쓰다
⓭ ₩, 원
⓮ 죽다, 시들다

_____ of A A의 원인으로 죽다(병이나 굶주림 등으로 죽을 때)

_____ from ~로 죽다(부주의나 외상으로 죽을 때)

His mother _____ from the shock.
그의 어머니는 그 충격으로 돌아가셨다

He _____ of cancer. 그는 암으로 죽었다

_____ away 차츰 사라지다

세로열쇠

❶ 구름, 흐린, 그늘, 달이 흐리다
❷ 위쪽, 위쪽으로

_____ against (장애)에 부딪쳐,

_____ to ~까지

❸ 3, 셋
❹ 아이, 복수는 _____ren
❺ 테 없는 모자
❽ 사다
❾ 크기, 치수, 규모
❿ 아라비아, 아랍인
⓫ 올빼미

부사 역할을 하는 영어표현

동사 다음으로 많은 것이 부사 역할을 하는 영어표현입니다. 단순히 수가 많을 뿐만 아니라 중요한 표현도 많이 포함되어 있습니다. 여기서는 by nature(타고난), in advance(미리) 등과 같은 순수한 부사 뿐만 아니라 to be sure(확실히)처럼, 이른바 독립분사나 독립부정사의 성구도 포함하고 있으니 알차게 공부하세요.

0001 **above all (things)** 무엇보다도

Above all, don't tell a lie.
무엇보다도 먼저, 거짓말을 하지 마라.

0002 **above sea level** 해발

The mountain is about 500 meters above sea level.
그 산은 해발 약 500미터이다.

0003 **against one's will** 자기 의사와는 달리

I was obliged to resign against my will.
나는 내 뜻과는 달리 사직하지 않을 수 없었다.

0004 **all along** 처음부터 죽

I was wrong all along.
처음부터 내가 틀렸다.

0005 | all in all 전체적으로 보아, 대체로, 통틀어

All in all, I am against their plan.
여러 가지를 생각한 결과, 나는 그 계획에 반대한다.
All in all, the campaign was a success.
종합적으로 보면, 이 운동은 성공이었다.
Tell me the truth all in all.
진상을 통틀어 말해라.

0006 | (all) the 비교급 for[because]
그만큼 더, 오히려

I like (all) the better for his faults.
나는 그에게 결점이 있어서 오히려 좋아한다.

0007 | all the year round 일년 내내, 연중

They had to work all (the) year round.
그들은 일년 내내 일하지 않으면 안 되었다.

0008 | and that 게다가, 그것도

Do it yourself, and that at once.
스스로 해라, 그것도 당장.

> ○ 이 that은 그 앞의 do it yourself의 반복을 피하기 위해 쓰인 것이다.

0009 arm in arm 서로 팔짱을 끼고

The couple was walking arm in arm.
두 사람은 팔짱을 끼고 걷고 있었다.

> ○ hand in hand 서로 손잡고

0010 around [〔영〕round] the clock
온종일, 24시간

He worked around the clock to get the job done.
그는 일을 끝마치려고 온종일 일했다.

0011 as ~ as any 누구에 못지않은 ~

He is as brave a man as any in the village.
그는 그 마을의 누구 못지않은 용감한 남자이다.
He studies as hard as any student.
그는 누구 못지않게 열심히 공부한다.

0012 as ~ as ever ❶ 매우 드문 ~, 걸출한 ❷ 여전히 ~

❶ He is as great a poet as ever lived.
그는 아주 뛰어난 시인이다.
❷ He is as diligent as ever.
그는 여전히 부지런하다.
He is as kind as ever.
그는 여전히 친절하다.

0013 **as ~ as can be** 더할 나위 없이, 최고로

Tom said he'd like to marry me, and I'm as happy as can be.
탐이 나와 결혼하고 싶다고 말해서 나는 더할 나위 없이 행복하다.

0014 **as A go** 보통의 A와 비교하면

He's quite good, as boys go.
보통의 사내애들에 비하면 그는 아주 착하다.

0015 **as A~, so B~** A와 똑같이 B하다

As you treat me, so will I treat you.
네가 나를 대하듯이 나도 너에게 대할 것이다.

Jane is an obedient wife, as wives go nowadays.
요즘 보통 아내들에 비하면, 제인은 순종하는 아내이다.

0016 **as a whole** 전체적으로, 총괄적으로

The project is going forward smoothly as a whole.
계획은 전체적으로 순조롭게 진행하고 있다.

As a whole, what he said was to the point.
전반적으로 그의 말은 요점이 있었다.

0017 as best he could 최대한으로

He tried to keep dry as best he could.
그는 최대한 젖지 않도록 애썼다.

0018 as compared with ~ ~와 비교하면

This month I have done very little, as compared with what I did last month.
지난달에 한 양과 비교하면, 이 달에는 매우 적게 했다.

0019 as follows 다음처럼

His words were as follows.
그의 말은 다음과 같았다.

0020 as good as ~

~인 것이나 마찬가지, 거의(=all but)

He as good as promised me the job.
그는 나에게 그 일을 약속한 거나 다름없다.

0021 as it happens 마침(=It happens that …)

As it happens, I won't be able to come to the party tonight.
공교롭게도 나는 오늘밤 모임에 갈 수 없다.

As luck would have it 다행히도

As luck would have it, he was at home when I called.
다행히 내가 방문했을 때 그는 집에 있었다.

> ○ 그런데 문맥에 따라서 **공교롭게, 운 나쁘게**의 의미가 되기도 한다.
> as good(ill) luck would have it 운 좋게도 (나쁘게도)처럼 good이나 ill을 붙여 확실하게 구분하는 경우도 있다.

as much as to say
~라고 말하는 것처럼

She nodded her head as much as to say "Possible".
그녀는 '가능해' 라고 말하는 것처럼 고개를 끄덕였다.

as such 그 자격으로, 그 자체로

He is gentleman and ought to be treated as such.
그는 신사이며, 신사로서 대우받아야 한다.

> ○ such는 앞의 a gentleman을 가리킨다.
> As he is a child, you had better treat him as such.
> 그는 어린이이므로 그렇게 취급하는 편이 좋다.

as the case may be 경우에 따라서

This medicine will do you good or harm, as the case may be.
이 약은 경우에 따라서 독이 되기도 하고 약이 되기도 한다.

0026 **as usual** 여느 때처럼, 평소와 같이

He got up early as usual.
그는 평소처럼 일찍 일어났다.

0027 **as yet** 아직(까지), 지금까지

No snow had as yet fallen.
아직 눈이 내리지 않았다.
The plan has worked well as yet.
그 계획은 지금까지 잘 되었다.

0028 **at a time** 한꺼번에, 동시에

He bought three books at a time.
그는 한꺼번에 3권의 책을 샀다.

0029 **at all events** 아무튼, 좌우간

At all events, he works hard.
좌우간 그는 열심히 일한다.

0030 **at any moment** 언제라도, 당장에라도

The sky is overcast, and it may rain at any moment.
하늘이 구름에 덮여 있어서, 당장이라도 비가 올 것 같다.

0031 at any rate 하여튼, 하여간

At any rate, I have got to go there in his place.
아무튼 나는 그 대신에 그곳에 가야한다.

0032 at best 기껏

The book can at best presents only a theory.
그 책은 기껏 어떤 이론을 제시할 뿐이다.

0033 at daybreak 새벽에

He got up at daybreak, and worked all day long.
그는 새벽에 일어나서 하루 종일 일했다.

○ at dark 해질녘에 / at dawn 새벽녘에

0034 at ease 편안히(=comfortably)

He was lying at ease on the sofa.
그는 편안히 소파에 누워 있었다.

0035 at first hand 직접적으로(=directly)

I got the news from her at first hand.
나는 그 소식을 그녀로부터 직접 들었다.

0036 **at first sight** ❶ 첫눈에 ❷ 얼핏 보기에

❶ Tom and Jane fell in love at first sight.
탐과 제인은 첫눈에 반했다.
❷ At first sight the problem seemed very difficult.
얼핏 보기에 그 문제는 매우 어려운 것 같았다.

> 동의표현 : at first glance 얼핏 보아

0037 **at full gallop** 전속력으로

The horse was running at full gallop.
그 말은 전속력으로 달리고 있었다.

0038 **at hand** 가까이에

He has several reference books at hand.
그는 몇 권의 참고서를 가까이에 두고 있다.

0039 **at heart** 본심은

He's not a bad fellow at heart.
그는 본심이 악한 것은 아니다.

0040 **at least** 적어도

You might at least say 'thank you'.
적어도 '고맙다'는 말은 해야한다.

0041 at one's convenience
❶ 되도록 빨리 ❷ 형편이 좋을 때에

Please return the book to me at your earliest convenience.
그 책을 되도록 빨리 되돌려 주세요.
Please answer at your earliest convenience.
형편이 되는 대로 일찍 답장해 주세요.

0042 at one's disposal
~의 마음대로 할 수 있도록

The money is at your disposal.
그 돈은 네 마음대로 써라.
I have $ 100 at my disposal.
나는 마음대로 쓸 수 있는 100달러를 가지고 있다.

> ◎ 동의표현 : at the disposal of ~
> 비슷한 표현 : at one's command, at one's service
> America has ample resources **at (its) command**.
> 미국은 마음대로 쓸 풍부한 자원이 있다.
> (I'm) at your service.
> 나는 당신이 마음대로 할 수 있는 사람이다 → 무엇이든 저에게 말씀해 주십시오.

0043 at one's ease 편히

He is living at his ease.
그는 편히 지내고 있다.

0044 **at random** 무작위로, 제멋대로

He reads books at random.
그는 닥치는 대로 책을 읽었다.
You can choose five pencils at random.
무작위로 연필 5자루를 골라라.

0045 **at short [a moment's] notice**
갑자기, 예고 없이

We had to start for America at short notice.
우리는 갑자기 미국으로 출발하지 않으면 안 되었다.

○ notice 는 예고의 뜻

0046 **at the earliest** 빨라야

The meeting won't be held until next week at the earliest.
그 모임은 빨라도 내주까지는 열리지 않을 것이다.

○ 반의표현 : at the latest 늦어도

0047 **at will** 마음대로

You may go or stay at will.
너는 가든 말든 네 마음대로 해도 좋다.

0048 at (the) worst 최악의 경우라도

He will be fined a 10 dollars at (the) worst.
최악의 경우라도 그는 10달러의 벌금일 것이다.

0049 behind one's back
뒷전에서, ~이 없는 데에서

Don't speak ill of others behind their backs.
뒷전에서 남의 험담을 하지 마라.

0050 behind the times 시대[유행]에 뒤떨어져

He fell hopelessly behind the times.
그는 어찌할 수 없도록 시대에 뒤떨어졌다.

0051 behind time
❶ 지각하여 ❷ (예정보다) 늦어

❶ He was behind time yesterday.
그는 어제 지각했다.

❷ We're behind time according to our schedule.
우리는 스케줄보다 늦었다.

> ○ on time 정각에
> in time 제시간에, 늦지 않고

0052 between ourselves
우리끼리 이야기인데, 비밀인데

Between ourselves, he has failed again.
비밀이지만[우리끼리 얘기지만] 그는 또 실패했단다.

Between ourselves he is a little foolish.
비밀인데, 그는 좀 바보야.

> 동의표현 : between you and me 비밀인데

0053 beyond (all) description
말로는 표현할 수 없을 만큼

The scene is beautiful beyond description.
그 경치는 말로는 표현할 수 없을 정도로 아름답다.

> beyond words 이루 말할 수 없을 정도로
> beyond belief 믿을 수 없을 정도로
> beyond recognition 알아볼 수 없을 정도로
> beyond measure 대단히
> beyond doubt 의심할 여지없이

0054 beyond one's means
수입을 초과하여, 분수에 맞지 않게

He lives beyond his means.
그는 분수에 맞지 않게 생활한다.

> within one's means 수입 한도 내에서, 분수에 맞게

0055 **by a hair's breadth** 간신히, 간발의 차이로

We escaped death by a hair's breadth.
우리는 간발의 차이로 죽음을 면했다.

0056 **by birth** 태생은, 타고난

He's Korean by birth.
그의 태생은 한국인이다.

0057 **by day[night]** 낮에[밤에]

I didn't like traveling by night. I'd rather travel by day.
나는 밤 여행을 좋아하지 않는다. 가능하면 낮 여행이 좋다.

0058 **by degrees** 점차로, 서서히(=gradually)

Her respect grew by degrees into love.
그녀의 존경심은 차츰 애정으로 발전했다.

0059 **by far** 훨씬, 단연

Jane is by far the best student in the class.
제인은 반에서 단연 가장 우수한 학생이다.

Skating and skiing are by far the most popular winter sports.
스케이팅과 스키는 단연 가장 인기 있는 겨울 운동이다.

0060 by halves
〈부정문에서〉 어중간하게

He never does anything by halves.
그는 무엇이든 어중간하게 하지 않는다.

0061 by leaps and bounds
척척, 순조롭게, 비약적으로

Kim's English has improved by leaps and bounds.
김군의 영어는 비약적으로 진보했다.

0062 by nature 선천적으로, 본래

He is kind by nature.
그는 본래 친절하다.(천성이 친절하다)
He is sensitive by nature.
그는 천성적으로 예민하다.

0063 by sight 얼굴은

I only know him by sight.
나는 (교제는 없지만) 얼굴만은 알고 있다.

> ◎ 여기서의 by는 ~에 관해서, ~의 점에서(는)를 의미한다.
> by name 이름은 / by nature 천성은 / by blood 혈연의

0064 by the day 하루[일당] 얼마에

We rented the cottage by the day.
우리는 별장을 하루에 얼마라는 계산으로 빌렸다.

> ○ by the month 월급으로 / by the week 주급으로 / by the hour 시간급으로 the는 단위를 나타낸다.
> by the pound 파운드 단위로 / by the meter 미터 단위로의 the도 마찬가지이다.
> We can rent a boat **by the hour**. 우리는 시간제로 보트를 빌릴 수 있다.

0065 by the way (화제를 바꿀 때) 그런데

By the way, are you free tonight?
그런데[그건 그렇고], 오늘 밤 시간 있어?

By the way, have you ever been to Booyo?
그런데, 부여에 간 적이 있느냐?

> ○ by the by 말이 난 김에, 그런데

0066 by twos and threes 삼삼오오

They came home from school by twos and threes.
그들은 삼삼오오 학교에서 집으로 돌아갔다.

0067 close at hand 바로 가까이에, 절박하여

The examination was close at hand.
시험이 박두했다.

0068 close by 바로 옆에

The bus stop is close by.
버스 정거장은 바로 옆에 있다.

0069 come what may 어떤 일이 있더라도

Come what may, I shall never change my mind.
어떤 일이 있어도 내 마음은 절대 바뀌지 않을 것이다.

0070 day in day out 날이면 날마다, 언제나

He wrote the manuscripts for a book of reference day in day out.
그는 날이면 날마다 참고서 원고를 썼다.

0071 enough and to spare
남아돌아갈 만큼의

I have time enough and to spare.
나는 시간이 충분히 있다.

0072 ever since 그 후 지금까지

He fell off his bicycle a month ago and has been in the hospital ever since.
그는 1개월 전에 자전거에서 떨어진 이후 지금까지 입원해 있다.

0073 ever so[such] 매우, 대단히

Thank you ever so much.
대단히 고맙습니다.

He is ever such a nice boy.
그는 매우 좋은 소년이다.

0074 every inch

❶ 어디까지나, 어느 모로 보나 ❷ 샅샅이

❶ He was every inch a king.
그는 어느 모로 보나 틀림없는 왕이었다.

❷ The police examined every inch of the park for clues.
경찰은 단서를 찾기 위해 공원을 이 잡듯이 조사했다.

0075 every other day 하루걸러

He learns English conversation every other day.
그는 하루걸러 영어 회화를 배운다.

> every three days 3일에 한 번

0076 face to face 정면으로, 마주 대하여

The negotiators sat face to face across the table.
협상자들은 책상을 끼고 얼굴을 맞대고 앉았다.

0077 · far and wide 이곳저곳, 두루

They traveled far and away. (= far and near)
그들은 두루 여행했다.

> ○ far and away 〈비교급, 최상급을 강조하여〉 **훨씬**, 단연과 구별할 것

0078 · far into the night 밤늦도록

I talked with her far into the night.
나는 그녀와 밤늦도록 이야기했다.

0079 · for a change
변화를 주기 위해, 평소와 달리

Let's walk to school (just) for a change.
(평소와 달리) 그냥 걸어서 학교에 가자.

Let's eat at a Chinese restaurant for a change.
취향을 바꿔 중화식당에서 먹어보자.

0080 · for a change of air
전지 요양을 위해, 기분 전환으로

She went to Jeju for a change of air.
그녀는 전지 요양을 위해 제주에 갔다.

He went to France for a change of air.
그는 기분 전환하러 프랑스에 갔다.

0081 for[against] a rainy day
곤궁한 때에 대비하여

I always keep a little extra money for a rainy day.
나는 늘 만일에 대비하여 약간의 여윳돈을 가지고 있다.
It is wise to provide against a rainy day.
곤궁한 때에 대비하는 것은 현명하다.

0082 for all I know
아마도, 내가 알기로는

He may be a good man for all I know.
그는 아마도 좋은 사람일지 모른다.
For all I know he had a wife and children; actually he didn't.
나는 그에게 처자가 있는 줄 알았는데, 사실은 없었다.

0083 for all the world
도저히

He would not go to the doctor for all the world.
그는 도저히 의사한테 갈 수 없었다.

0084 for good or evil[ill]
좋든 나쁘든

We must take life for good or evil.
우리는 좋든 나쁘든 인생을 받아들여야 한다.

0085 for the ~ing ~하기만 하면

The flower is yours for the asking.
그 꽃은 부탁하기만 하면 너의 것이다.

> 이 for는 I bought the book for 5,000 won. 나는 그 책을 5,000원을 주고 샀다의 for처럼 등가, 호환을 나타내는 것으로 생각한다.

0086 for the life of ~
〈부정문에서〉 도저히, 아무리 해도 (~않다)

For the life of me I can't understand what you say.
나는 도저히 너의 말을 이해할 수 없다.

0087 for the most part 대부분

The shops on the street are for the most part closed.
그 거리의 가게들은 대부분 닫혔다.

0088 for the time being = for the present
당분간

I shall stay here for the time being.
나는 당분간 이곳에 머무를 것이다.

Two hours of exercise each day will be enough for the present.
당분간 하루 2시간의 운동으로 충분할 것이다.

0089 from bad to worse 점점 나쁘게

As time went by, things became from bad to worse.
시간이 감에 따라서, 사태는 점점 나빠졌다.

0090 from hand to mouth
하루 벌어 하루 먹는 식으로

She is living from hand to mouth.
그녀는 하루살이 생활을 하고 있다.

0091 from now on 앞으로는

I'll study harder from now on.
나는 앞으로 더욱 열심히 공부할 것이다.

0092 from without [within] 바깥[안]쪽에서

The door was locked from without.
그 문은 바깥쪽에서 잠겼다.

0093 generally speaking
일반적으로 말하면, 대체로

Generally speaking, Korea has a mild climate.
일반적으로 말해서, 한국은 기후가 온화하다.

0094 hand in hand (with) 서로 손잡고

He went hand in hand with them.
그는 그들과 손을 마주 잡고 갔다.

0095 heart and soul ❶ 힘껏, 열심히 ❷ 완전히

❶ He went heart and soul into the his study.
그는 공부에 온 힘을 기울였다.

❷ He is heart and soul a Democrat.
그는 골수 민주당원이다.

0096 if anything 어느 편이냐 하면

Today he is better, if anything.
오늘 어떠냐 하면, 그는 기분이 좋다.

We were rather anxious, but if anything, things seem to be improving.
우리는 매우 걱정하고 있었지만, 어느 편이냐 하면, 사태는 오히려 호전되고 있는 것 같다.

0097 if need be 필요하다면(= if necessary)

If need be, you can use my car.
필요하다면 내 차를 써도 좋다.

○ 여기서 need는 명사

0098 in a manner[way, sense]
어느 의미에서

What he says is true in a manner.
그가 말하고 있는 것은 어느 의미에서 진실이다.

His statement is true in a sense.
그가 하는 말은 어느 정도까지는 사실이다.

0099 in a moment 순식간에, 곧

The house was burned down in a moment.
그 집은 순식간에 전소했다.

I'll be there in a moment.
곧 그곳으로 갈게.

0100 in a passion 성나서, 화가 나서

He struck me in a passion.
그는 화가 나서 나를 때렸다.

○ 여기의 in은 **상태**를 나타낸다.
in despair 절망하여 / in a fright 놀라서

0101 in all 전부해서, 모두(= in total)

We are forty three in all.
우리는 전부해서 43명이다.

0102 in addition to ~

게다가, 그밖에(=besides)

In addition to rice, they grow vegetables.
쌀 이외에 그들은 채소를 경작하고 있다.
He received 50 thousand won in addition to his salary.
그는 봉급 이외에 5만원을 받았다.

0103 in advance ❶ 앞서서 ❷ 미리

❶ She arrived an hour in advance.
그녀는 한 시간 앞서서 도착했다.
❷ I paid the money in advance.
나는 미리 돈을 지불했다.

0104 in all likelihood [probability]

아마도, 십중팔구

In all likelihood we shall be away for a few days.
아마도 우리는 2, 3일 동안 집을 비우게 될 것이다.

0105 in an instant 즉시, 순식간에

I'll back in an instant.
나는 즉시 돌아올 것이다.

0106 in any case 아무튼

In any case, it's no business of yours.
아무튼 너는 알 것 없어.

0107 in [on] behalf of ~ ~을 위하여

He worked for weeks on behalf of the community chest.
그는 수주일간 공동모금 운동에 봉사했다.

0108 in case ~

❶ ~일 경우 ❷ ~일지도 모르니, ~일 경우에 대비해서

❶ In case you see him, give him my regards.
그를 만나면, 안부 전해 주세요.

❷ They started with a guide just in case they should lose their way.
길을 잃으면 안 되니, 그들은 안내인과 함께 출발했다.

0109 in common 공통으로, 공동으로

The two brothers have much in common (with each other).
그 두 형제는 공통점이 많다.

The two brothers have a car in common.
그 두 형제는 하나의 차를 공유하고 있다.

0110 in consequence of ~ ~의 결과

In consequence of his failure in the enterprise, he decided to return to his home town.
그 일에 실패한 결과, 그는 귀향하기로 결심했다.

0111 in despair 절망하여

They gave up the attempt in despair.
그들은 절망하여 그 시도를 포기했다.

0112 in due course
때가 되면, 머지않아, 일이 잘 되어

Our town will grow into a large city in due course.
우리 마을은 머지않아 큰 도시로 성장할 것이다.
They will get married in due course.
그들은 때가 되면 결혼할 것이다.

0113 in (real) earnest
❶ 진지한[하게] ❷ 본격적으로

❶ Are you in (real) earnest?
진담이냐?
❷ It began to rain in earnest.
비가 본격적으로 내리기 시작했다.

0114
in full 전부, 자세히

Sign your name in full.
이름을 전부(생략하지 않고, 성명 모두) 써라.

0115
in general 일반적으로

In general, he is quite a satisfactory husband.
일반적으로, 그는 두 말할 것 없는 남편이다.

0116
in high spirits 기분이 매우 좋아, 의기양양하게

He came home in high spirits.
그는 의기양양해서 귀가했다.

> 반의표현 : in low spirits 의기소침하여

0117
in many respects 많은 점에서

His house is in many respects better than mine.
그의 집은 많은 점에서 나의 집보다 훌륭하다.

0118
in one's hot youth 혈기왕성한 때에

He was an adventurous explorer in his hot youth.
그는 혈기왕성한 때에 모험적인 탐험가였다.

0119 in one's company = in the company ~와 함께 있으면

In his company I feel never bored.
그와 함께 있으면 지루하지 않다.

0120 in one's shirt (sleeves)
셔츠 차림으로

He was typing in his shirt sleeves.
그는 셔츠 차림으로 타이프를 치고 있었다.
He appeared in his shirt.
그는 셔츠 차림으로 나타났다.

○ 여기의 in은 ~을 입고, 쓰고의 뜻

0121 in particular 특히(=particularly)

I have nothing in particular to say.
나는 특별히 할 말이 없다.

0122 in person 스스로, 본인이

You had better go and speak to him in person.
네가 가서 본인이 직접 그에게 말하는 편이 낫다.

0123 · in pieces 산산조각이 나서, 잘게

I found my favorite vase in pieces.
내가 아끼는 꽃병이 산산조각이 나 있었다.

0124 · in privacy 숨어서, 은밀히

The man lived in absolute privacy.
그 남자는 사람과 교제를 끊고 살았다.

0125 · in return (for) ~

~의 답례로, ~의 보답으로

He gave me this in return.
그는 나에게 보답으로 이것을 주었다.

0126 · in some measure[degree]

어느 정도까지는, 약간은

His prediction proved to be off the point in some measure.
그의 예상은 어느 정도 핵심을 벗어났음이 판명되었다.

0127 in store for ~ ~을 위해 준비되어 있는

I have good news in store for you.
너를 위해 좋은 소식이 준비돼 있다.

0128 in succession to 연속하여, 뒤를 이어

He became president of the company in succession to his father.
그는 아버지의 뒤를 이어 그 회사의 사장이 되었다.

0129 in[into] the bargain
게다가(=moreover, besides)

It was raining into the bargain.
게다가 비까지 내리고 있었다.

0130 in the dead of ~ ~의 한가운데에

I heard a strange sound in the dead of night.
나는 한밤중에 이상한 소리를 들었다.

0131 in the future 장래에, 이제부터는

No one can tell what will happen in the future.
장래 무슨 일이 일어날지 아무도 모른다.

0132 in the main
대체로(=on the whole), 주로(=mostly)

These letters, in the main, are from my mother.
이 편지들은 주로 어머니한테 온 것이다.

The results were, in the main, satisfactory.
그 결과들은 대체로 만족스러웠다.

0133 in the meantime[meanwhile]
그 동안에

Our departure is three hours from now.
In the meantime, take a good rest.
출발 3시간 전이다. 그때까지는 충분히 휴식을 하자.

0134 in the near future 일간, 가까운 장래에

I hope to hear from her in the near future.
가까운 장래에 그녀한테 소식이 있으면 좋겠다.

0135 in the open (air) 옥외[야외]에서

To play in the open under the blue sky is good for your health.
푸른 하늘 아래 야외에서 노는 것은 건강에 좋다.

0136 · in the original 원문으로, 원서로

He can read Tolstoy in the original.
그는 톨스토이 작품을 원문으로 읽을 수 있다.

0137 · in the true sense of the word[term]
진정한 의미에서

He was in the true sense of the word cultured.
그는 진정한 의미에서 교양인이었다.

0138 · in time 제시간에, 늦지 않고

He will be there in time.
그는 제시간에 그곳에 도착할 것이다.

0139 · in torrents 억수같이, 폭포처럼

The rain is falling in torrents.
비가 억수같이 퍼붓고 있다.

0140 · into the bargain 게다가, 그 위에

I have a headache, and a toothache into the bargain.
나는 두통이 있고, 게다가 치통도 있다.

0141 **in truth** 실제는(=actually)

They were born in Hong Kong, but in truth they didn't speak Chinese.
그들은 홍콩에서 태어났지만, 실제는 중국어를 하지 못했다.

0142 **inside out** 뒤집어, 속을 밖으로

He had his socks on inside out.
그는 양말을 뒤집어 신고 있었다.

0143 **just about** 거의, 대체로

The building was just about completed.
그 건물은 거의 완성되었다.

0144 **just as well** ~하는 편이 좋다

It is just as well to be careful.
주의하는 편이 좋다.

0145 **(just) for (this) once** 한번만, 이번만

I'll allow you to miss class (just) for once.
결석은 이번만이야.

0146 **know one's way about[around]**
(어떤 장소의) 지리에 밝다

He knows his way about near here.
그는 이 근처의 지리에 밝다.

0147 **later on** 나중에, 추후로

I'll see you later on.
나중에 또 만나자. 〈그 날 중에 만날 때에 사용〉

◯ earlier on 일찍부터, 미리

0148 **like a bolt from the blue**
청천벽력처럼

The news of the collision of the two big tankers came like a bolt from the blue.
두 척의 대형 탱커의 충돌 소식은 청천벽력이었다.

◯ bolt 번개

0149 **like anything** 심하게, 몹시

She wept like anything.
그녀는 심하게 울었다.

0150 little by little 조금씩, 점차로

The level of the water rose little by little.
수위는 차츰 올라갔다.

0151 little less than ~이나(=no less than)

The task took little less than five hours.
그 일은 5시간이나 걸렸다.

0152 long since[ago] 훨씬 이전에

I have found that she moved somewhere long since.
나는 그녀가 훨씬 이전에 어딘가로 이사한 것을 알았다.

0153 more than ~

❶ ~보다 이상 ❷ 도저히 ~ 않다 ❸ 매우

❶ He is more than a mere craftsman; he is a great artist.
그는 단순한 공예가가 아니다. 훌륭한 예술가이다.

❷ That's more than I can stand.
나는 도저히 참을 수 없다.

❸ I am more than happy that you are here with me.
네가 나와 이곳에 함께 있어서 매우 행복하다.

0154 much[still] more ~은 말할 것도 없이

He can speak Russian, much[still] more English.
그는 영어는 물론이고 러시아어도 말할 수 있다.

0155 much the + 최상급 단연 제일의, 단연 최고의

This is much the best method.
이것은 단연 최선의 방법이다.

> 「much + 비교급」은 훨씬
> This is **much smaller than** that. 이것은 저것보다 훨씬 작다.

0156 (near) at hand 바로 옆에, 가까이에

I always keep a notebook at hand.
나는 늘 노트를 가까이에 둔다.
Christmas is near at hand.
크리스마스가 바로 눈앞에 다가온다.

> 미국에서는 on hand를 쓰는 경우가 많다.
> I do not have much money **on hand**. 나는 지금 수중에 돈이 별로 없다.

0157 needless to say ~은 말할 필요도 없이, 물론

Needless to say, he never came again.
두 말할 것도 없이, 그는 두 번 다시 오지 않았다.

0158 no better than ~
~이나 다름없다, ~이나 마찬가지이다

That fellow is no better than a swindler.
저 녀석은 사기꾼이나 다름없다.
He is no better than a beggar.
그는 거지와 다름없다.

> 「no+비교급+than~」의 표현은, 내용적으로는 동등(=)의 의미이다.
> no more than 100 won 불과 100원 / no less than 100 100이나
> 「not+비교급+than~」의 표현은 ≤이나 ≥의 의미이다.
> not more than 100won 100원 이하 / not less than 100 won 100원 이상

0159 no longer 이미 ~ 아니다

You're no longer young.
너는 이미 어리지 않다.
I could put up with his attitude toward me no longer.
나에 대한 그의 태도에 더 이상 참을 수 없다.

0160 no more 그 이상 ~않다

I have eaten my fill, and I can have no more.
충분히 먹었으므로, 더 이상 먹을 수 없다.

> I can't have any more 로 해도 의미는 같다. no longer는 '시간적 내용', no more는 '양적 내용'에 대해 쓴다. 한편, no more에는 …도 또한 ~하지 않다의 의미도 있다.
> She didn't come, no more did he. 그녀는 오지 않았고, 그도 또한 오지 않았다.

0161 not A, much [still] less B
B는 고사하고 A도 못하다

He can**not** speak English, **still less** Spanish.
그는 스페인어는 고사하고 영어도 못한다.

0162 not ~ for all the world
절대로 ~하지 않다

I would **not** leave you **for all the world**.
나는 절대 너를 떠나지 않을 것이다.

0163 not less than 적어도(= at least)

He has paid **not less than** 50 thousand won.
그는 적어도 5만 원은 지불했다.
I have **not less than** 100 dollars.
나는 적어도 100 달러는 가지고 있다.

0164 not more than
기껏해야, 많아야(= at most)

He has **not more than** 100 dollars.
그는 기껏 100 달러 밖에 가지고 있지 않다.

0165 not nearly 전혀 ~ 않다

She is not nearly ready.
그녀는 전혀 준비가 되어 있지 않다.

What I have put by for the past three years is not nearly enough to pay for the wedding ceremony.
지난 3년 동안 저축한 돈은 결혼 비용에 전혀 충분하지 않다.

0166 not necessarily 반드시 ~한 것은 아니다

Learned men are not necessarily wise.
학자가 반드시 현명한 것은 아니다.

0167 not to mention ~

~은 말할 것도 없고, ~은 물론

We can't afford a car, not to mention the fact that we have no garage.
우리는 차고가 없다는 것은 말할 것도 없고, 차를 가질 처지도 안 된다.

0168 now ~, now ⋯

어떤 때에는 ~, 어떤 때에는 ⋯

Now he took a walk, now he enjoyed fishing.
어떤 때에는 산책을 하고, 어떤 때에는 낚시를 즐겼다.

0169 **of any service** 조금이라도 도움이 되면

I should be glad to be of any service to you.
너에게 조금이라도 도움이 된다면 기쁘겠다.

0170 **of [by] necessity**

❶ 하는 수 없이 ❷ 필연적으로

❶ I went there of necessity.
나는 하는 수 없이 그곳에 갔다.
❷ We were, of necessity, involved in the trouble.
우리는 필연적으로 골치 아픈 일에 말려들었다.

0171 **of late** 최근

We have had much rain of late.
최근 비가 많이 내렸다.

0172 **of one's own accord**

❶ 자발적으로 ❷ 스스로, 저절로

❶ Students came of their own accord to help the villagers.
학생들은 자진해서 마을 사람들을 도우러 왔다.
❷ The door shut of its own accord.
그 문은 저절로 닫혔다.

0173 of oneself 스스로, 저절로 (= by oneself)

The window opened of itself.
창문이 저절로 열렸다.

0174 on a large scale 대규모로

The factory is run on a large scale.
그 공장은 대규모로 운영되고 있다.

> ○ 반의표현 : on a small scale 소규모로

0175 on all fours 네 발로, 네 발을 써서

Our baby has begun to crawl on all fours.
우리 아기는 네 발로 기기 시작했다.

0176 on[in] an[the] average 평균하여

I go to the barbershop once a month on an average.
나는 평균 한 달에 한 번 이발소에 간다.
On the average we have three guests every day.
평균하여 매일 3명의 손님이 온다.

> ○ 미국에서는 on 대신에 in을 쓴다. 한편 on an average 또는 on the average를 쓰기도 한다.

0177

on and off 단속적으로

It rained on and off.
비가 오락가락 했다.

> ◯ off and on으로 쓰기도 함

0178

on business 업무차, 용무로

He left New York for Seoul on business.
그는 업무차 뉴욕을 떠나 서울로 향했다.

0179

on fire 불타고 (있는)

When we arrived, the ship was on fire.
우리가 도착했을 때, 그 배는 불타고 있었다.

0180

on good terms with ~
~와 좋은 사이[관계]이다

My father is on good[bad] terms with my uncle.
아버지는 삼촌과 좋은[나쁜] 사이다.

> ◯ terms는 교제하는 사이, 관계의 뜻임.
> close terms 가까운 사이 / nodding terms 인사하고 지내는 사이
> speaking terms 말하고 지내는 사이 / visiting terms 서로 방문하는 사이

0181 on no account

절대 ~아니다(= not ~on any account)

On no account would he accept my advice.
= He wouldn't accept my advice on any account.
그는 나의 충고를 절대 받아들이지 않으려 했다.

0182 on one's own 혼자

He is going to Africa on his own.
그는 혼자 아프리카에 가려고 한다.

0183 on sale 판매중

Those articles are on sale now.
저 물건들은 지금 판매중이다.

0184 on second thought(s)

다시 생각해 보니

On second thought(s) I realized that I was in the wrong.
다시 생각해 보니, 내가 잘못했다는 것을 깨달았다.

0185 on the other hand 또 한편으로는, 그와 반대로

Food was abundant, but on the other hand, water was running short.
음식물은 풍부한 반면에, 물은 부족해지고 있었다.

0186 on the right 오른쪽에

Ladies and gentlemen, Mt. Sorak came in sight on the right.
여러분, 설악산이 오른쪽에 보이기 시작했습니다.

0187 on the rise 상승 중에

Business is on the rise.
경기가 상승하고 있다.

0188 on the strength of ~을 의지하여, ~을 믿고

I did it on the strength of your promise.
나는 너의 약속을 믿고 그것을 했다.

0189 on time 정시에

I reached my office on time.
나는 정시에 사무실에 도착했다.

0190 **one after another** 줄지어

I saw cars running one after another.
나는 줄지어 달리는 차를 보았다.

0191 **one after the other** 교대로

The elephant lifted its forefeet one after the other.
그 코끼리는 앞발을 교대로 들었다.

0192 **once (and) for all**
최종적으로, 단호히

For once and for all, I can't go with you, so stop asking me.
확실히 말해 두겠는데, 너와 함께 갈 수 없어. 그러니 나한테 부탁하지 마.
I tell you once for all, that I will not allow such conduct.
나는 그런 행동을 허용하지 않겠다고 너에게 말하는 것은 이번뿐이다.

0193 **once upon a time** 옛날 옛적에

Once upon a time there lived an old man and his wife.
옛날 옛적에, 할아버지와 할머니가 사셨다.

0194 only to ~

❶ 단지 ~하기 위해 ❷ 결국 ~할 뿐이다

❶ I am saying this only to encourage you.
나는 단지 너를 격려하기 위해 이 말을 하고 있다.

❷ I went all the way to see him only to find him absent.
멀리서 그를 보러 갔지만, 공교롭게 그는 부재중이었다.

The polic rushed to the spot, only to discover the robber had gone.
경찰이 현장에 달려갔지만 결국 강도가 도망간 것만 발견했을 뿐이다.

0195 over and over (again)

거듭해서(=repeatedly)

You must read the book over and over again.
너는 그 책을 거듭해서 읽어야 한다.

0196 rarely, if ever ~이기는 해도 좀처럼

My father rarely, if ever, smokes.
아버지는 담배를 피우시긴 해도 좀처럼 안 피우신다.

He rarely, if ever watches TV.
그는 좀처럼 텔레비전을 보지 않는다.

> ○ 동의표현 : seldom, if ever
> He seldom, if ever goes to see the movies. 그는 좀처럼 영화 구경을 하지 않는다

0197 roughly speaking
대략 (말하면), 대체로

Roughly speaking, the United States is twenty-five times larger than Japan.
대략적으로 말해서, 미국은 일본의 25배 크기이다.

0198 seize on ~ ~을 붙잡다

Not knowing what to do, they seized on his suggestion.
어떻게 해야 좋을지 몰랐으므로, 그들은 그의 제안을 따랐다.

0199 side by side 나란히

The two boys stood side by side.
두 소년이 나란히 섰다.

0200 sooner or later 언젠가는, 조만간

Sooner or later bubbles burst.
조만간 거품은 꺼진다.
We must die sooner or later.
우리는 언젠가는 죽어야 한다.

0201 **step by step** 한 걸음씩, 착착

She is improving step by step in her skill in the piano.
그녀의 피아노 솜씨는 차츰 향상하고 있다.

0202 **still more** 게다가

She can speak German, still more English.
그는 독일어를 할 줄 알며, 게다가 영어도 한다.

0203 **strange to say** 이상한 이야기이지만

Strange to say, he didn't know anything about it.
이상한 말이지만, 그는 그것에 대해 아무것도 몰랐다.

0204 **strictly speaking** 엄밀히 말해서

Strictly speaking, that is illegal.
엄밀히 말하면, 그것은 위법이다

Strictly speaking, these two are quite different things.
엄밀히 말해서, 이 두 개는 전혀 다른 것이다.

> ● roughly speaking 대충 말해서
> frankly speaking 솔직히 말해서
> generally speaking 대체로 말해서
> historically speaking 역사적으로 말해서

such as it is 변변치 못하지만

The food, such as it was, satisfied our hunger.
음식은 변변치 않지만, 우리는 배불리 먹었다.

such being the case
사정이 그러하므로, 그런 사정으로

Such being the case, I could not be present.
그런 사정이 있어서, 나는 출석할 수 없었다.
Such being the case, we had to put off the meeting.
이런 까닭으로 우리는 모임을 연기해야만 했다.

that is to say 즉

I'll leave for America next Thursday, that is to say, October 5.
나는 다음 목요일, 즉 10월 5일에 미국으로 떠날 것이다.

the other way around
정반대의, 정반대로

Turn it the other way around.
반대로 도세요.

0209 the small hours
한밤중〈새벽 1시부터 4, 5시경까지〉

I lay awake through the small hours.
나는 새벽까지 깨어 있었다.

0210 the very + 최상급　실로 제일의

This is the very best method.
이것은 실로 최선의 방법이다.

0211 thick and fast　잇따라, 계속

Misfortune came thick and fast.
불행이 잇따랐다.

0212 this day week
다음 주의 오늘, 지난주의 오늘

I'll call on you this day week.
나는 다음 주 오늘 너를 방문하겠다.

> ◐ 다음 주 오늘인지 지난 주의 오늘인지는 문맥을 보아 판단해야 한다.
> this day month 다음[전]달의 오늘
> this day year 내[작]년의 오늘

0213 through thick and thin
온갖 고난을 무릅쓰고

I'll stand by you through thick and thin.
어떤 고난이 있더라도 나는 너의 편을 들 것이다.

0214 to a[the] day 꼭(=exactly)

It is one year to a[the] day since I came here.
내가 여기 온 지 꼭 1년이다.

0215 to a great extent 크게, 대부분은

He contributed to a great extent to the industrial growth of the town.
그는 그 마을의 산업 발전에 크게 공헌했다.

0216 to a high degree 대단히, 고도로

They are interested in this subject to a high degree.
그들은 이 문제에 대단히 흥미를 가지고 있다.

0217 to a man 한 사람도 남김없이(= to the last man)

They opposed the proposal to a man.
모두 그 제안에 반대했다.

0218 **to advantage** ❶ 유리하게 ❷ 뛰어나게, 훌륭히

❶ The party used public opinion to (good, the best) advantage.
그 정당은 여론을 (잘, 최대한으로) 유리하게 이용했다.
❷ This dress shows your figure to advantage.
이 옷을 입으니 한결 모양이 난다.

0219 **to all appearance(s)**
외견상, 겉보기에, 아무리 봐도

To all appearances, they are a happy couple.
겉으로 보기에, 그들은 행복한 부부로 밖에 보이지 않는다.
To all appearances his statement was true.
어디로 보나 그의 말은 진실이었다.

0220 **to and fro** 이리저리, 왔다갔다, 앞뒤로

The pendulum swings to and fro.
추는 좌우로 흔들린다.
He walked to and fro in the stage.
그는 무대 위를 왔다갔다 했다.

0221 **to[in] excess** 지나치게, 과도하게

He drinks to excess. 그는 과음을 한다.

0222 to be sure

❶ 틀림없이, 과연(=surely) ❷ 확실히

❶ It's a beautiful day, to be sure.
정말 멋진 날씨다.
❷ He is not bright, to be sure, but he's very kind.
확실히 그는 머리가 좋지 않지만 매우 친절하다.

0223 to do ~ justice ~을 공평하게 평하면

To do justice, he didn't commit the crime on purpose.
공평하게 말하면, 그는 그 죄를 고의로 저지른 것은 아니었다.

0224 to one's face 면전에서, 공공연히

I don't like to be criticized to my face.
나는 면전에서 비평받기를 싫어한다.

0225 to begin [start] with

우선, 첫째로(=first of all)

To begin with, he is too young; secondly, he is not so clever as you suppose.
첫째로 그는 너무 어리다. 둘째로 그는 네가 생각한 것만큼 똑똑하지 않다.

0226 **to my mind** 내 마음[생각]은

To my mind he acted too thoughtlessly.
나의 생각으로는, 그는 너무 경솔하게 행동했다.

0227 **to one's heart's content** 실컷 만족할 때까지

When left alone, she cried to her heart's content.
혼자 있게 되자, 그녀는 실컷 울었다.

0228 **to one's taste** ~의 취미에 맞추어

Modern jazz is not to my taste.
모던 재즈는 나의 취향이 아니다.
I hope the wine is to your taste.
와인이 취향에 맞으시는지요?

0229 **to oneself** (자기의) 마음속에

She kept the secret to himself.
그녀는 그 비밀을 자기 가슴 속에 간직했다.

0230 to say the least (of it)
줄잡아 말해도

To say the least, it is inconsiderate of her to do such a thing.
줄잡아 말해도, 그런 짓을 하다니 그녀는 배려하는 마음이 없다.

0231 to tell (you) the truth
사실은, 사실을 말하자면

Well, to tell the truth, I don't quite understand what you mean.
실은 너의 말뜻을 전혀 이해하지 못하겠다.

0232 to the full 충분히, 마음껏

I have enjoyed myself to the full.
나는 마음껏 즐겼다.

0233 to the letter 그대로, 엄밀히

You will succeed if you follow my instructions to the letter.
너는 내 지시를 그대로 따르면 성공할 것이다.

0234 to the minute 바로 그 시간에, 정확히

The train started at 5 o'clock to the minute.
그 열차는 5시 정각에 출발했다.

0235 to the point [purpose]
적절한, 요령 있는

He told us to be brief and to the point.
그는 우리에게 간결하고 요령 있게 하라고 말했다.
What he said was to the point.
그가 말한 것은 요점이 있었다.

0236 try as you may 아무리 노력해도

Try as you may, you can't expect to finish the work today.
비록 네가 아무리 애써도 오늘 그 일을 끝낼 가망은 없다.

0237 under cover of ~
❶ ~을 틈타 ❷ ~을 빙자해서, 미명하에

❶ The enemy attacked us under cover of darkness.
적은 야음을 틈타 공격해 왔다.
❷ She did it under cover of friendship.
그녀는 우정이라는 미명하에 그것을 했다.

0238 under[below] one's breath
낮은 목소리로, 소곤소곤

I found him memorizing the English words under his breath.
나는 그가 소곤소곤 영어단어를 암기하는 것을 보았다.

0239 under one's (very) nose
바로 코앞에서

The accident happened under his (very) nose.
그 사건은 그의 바로 코앞에서 일어났다.

0240 under way 진행 중에, 항해 중에

The project has got under way.
그 계획은 시작됐다.
Preparations are under way for the exposition.
박람회 준비가 진행 중이다.

0241 upside down 거꾸로, 상하를 거꾸로

Don't place this box upside down, because it contains whisky bottles.
이 상자를 엎어놓지 마라. 위스키 병이 들어있으니까.

0242 weather permitting 날씨가 허락하면

Weather permitting, I'll reach the summit of that mountain tomorrow.
날씨가 허락하면, 나는 내일 그 산의 정상에 도달할 것이다.

0243 when it comes to ~ing
~할 계제가 되면

When it comes to earning a living, you often have to do things you don't like.
생계를 유지하려면, 때론 싫은 일도 해야 한다.

He is a little lazy, but **when it comes to help**ing others he is ready to do anything.
그는 좀 게으르지만, 타인을 도울 때가 되면 기꺼이 무엇이든 한다.

0244 with a start 깜짝 놀라서

He awoke **with a start**.
그는 깜짝 놀라 잠에서 깼다.

0245 with (good) reason
(~인 것은) 당연하다, 타당하다

She refused his offer **with reason**.
그녀가 그의 제안을 거절한 것은 타당하다.

0246 within a stone's throw of ~
엎드리면 코 닿을 데에

He lives within a stone's throw of the school.
그는 학교 바로 근처에 살고 있다.

0247 within one's means
수입 한도 내에서, 분수에 맞게

He lives within his means.
그는 분수에 맞는 생활을 한다.

0248 within one's reach
손닿는 곳에

When I go to bed, I keep my radio within his reach.
나는 잠잘 때에, 라디오를 손닿는 곳에 둔다.

0249 within[in] (A) hearing
A에게 들리는 곳에

I foolishly talked about that in his hearing.
나는 어리석게 그에게 들리는 곳에서 그것을 이야기했다.

> 반의표현 : out of hearing of ~ ~가 들리지 않는

0250 without the [one's] knowledge of ~
~에게 알리지 않고

They married without their parents' knowledge.
그들은 부모에게 알리지 않고 결혼했다.

0251 word for word 한 마디 한 마디 그대로

He repeated what the teacher said word for word.
선생님이 한 말씀을 한 마디 한 마디 그대로 되풀이했다.

UNIT 006 전치사 역할을 하는 영어표현

전치사 역할을 하는 영어표현은 비교적 소수이므로, 암기하기 쉽습니다. 또 내용이 확실한 표현이 많으므로, 일단 예문과 함께 암기하면 기억에 오래 남을 것입니다. 전치사는 글자 그대로 명사나 대명사의 앞에 놓이는 품사입니다. 그리하여 형용사구나 부사구를 만듭니다.

0001 apart[aside] from

❶ ~을 제외하고 ❷ 그밖에도

❶ It's a good paper, apart from a few spelling mistakes.
철자 틀린 것 몇 개를 제외하면 그것은 훌륭한 논문이다.

❷ Apart from his apartment in Seoul, he has got a house in the country.
그는 서울에 아파트 한 채 이외에 시골에 집 한 채가 더 있다.

0002 as opposed to ~

~에 상반되는, ~에 대조적으로

Country life as opposed to town life appeals to the people living in a big city.
도시 생활과 상반되는 시골 생활은 대도시에 사는 사람에게는 매력이 있다.

0003 as to ~ ~에 관해, ~에 대하여

The police are satisfied as to the genuineness of his statement.
경찰은 그의 진술의 진실성에 대하여 만족하고 있다.

There is no doubt as to who will be elected.
누가 선출될지 의심의 여지가 없다.

> as for는 항상 문두에 오고, as to는 문두나 문중에서도 쓴다.

0004 at the mercy of ~ ~에 좌우되어, ~의 마음대로

The ship was at the mercy of the wind and the waves.
그 배는 풍랑에 따라 움직였다.

They were at the mercy of their enemies of the company.
그들은 적의 손아귀에 들어갔다.

0005 at the sight of ~ ~을 보고

The dog waved his tail at the sight of master.
그 개는 주인을 보고 꼬리를 흔들었다.

0006 but for ~ ~이 없다면

But for your help, I would have failed.
너의 도움이 없었다면 나는 실패했을 것이다.

0007 by[in] virtue of ~ ~때문에(=because of), 덕분에

Jeffrey rose in the company by virtue of hard work.
제프리는 근면한 덕에 회사에서 승진했다.

0008 contrary to ~ ~에 반하여, 반대 방향으로

It is contrary to rules.
그것은 규칙에 위반된다.

0009 except for ~ ~을 제외하면

Your speech was very good except for a few errors in pronunciation.
당신의 연설은 발음상 두, 세 개의 틀린 것 이외에는 아주 좋았다.

0010 exclusive of ~ ~을 제외하고

Twenty members attended, exclusive of officers.
임원을 제외하고 20명의 회원이 출석했다.

0011 for lack of ~ ~이 없어서, ~이 부족하여

The flowers died for lack of water.
꽃은 물이 없어서 죽었다.

0012 for the cause of ~
~을 위해, ~라는 대의명분을 위해

I will labor for the cause of humanity.
나는 인류를 위해 일할 작정이다.

0013 for the sake of ~ ~을 위하여

Society exists for the sake of the individual.
사회는 개인을 위해 존재한다.

Please come back early today for the sake of the children.
오늘 애들을 위해 일찍 돌아오세요.

0014 from behind ~ ~의 배후에서

A soldier dashed from behind the curtain.
커튼 뒤에서 군인이 뛰어나왔다.

0015 in accordance with ~
~와 일치하여, ~에 따라서

He is not in accordance with us in this matter.
그는 이 문제에 있어서 우리와 일치하지 않는다.

0016

in charge of ~ ~을 담당하여

He is in charge of the class.
그는 그 반 담임이다.
The nurse is in charge of the patient.
그 간호원은 그 환자를 담당하고 있다.

> ○ in the[one's] charge of ~ ~에게 맡겨진
> The baby is in my charge. 그 아기는 내가 맡고 있다.

0017

in contrast with[to] ~ ~와 대조적으로

He seems quite happy in contrast with that man.
그는 그 남자와 대조적으로 매우 행복해 보인다.

0018

in defiance of ~ ~을 무시하고, ~에도 불구하고

He jumped into the river in defiance of the icy water.
그는 얼음 같은 물에도 불구하고 강으로 뛰어들었다.

> ○ defiance 반항, 무시

0019

in exchange for ~ ~대신에, ~와 교환으로

I gave him food in exchange for salt.
나는 그에게 소금과 교환으로 식량을 주었다.

0020 in (the) light of ~

~에 비추어, ~을 생각하면

In the light of these facts, what he is doing can't be considered to be good.
이 사실들로 보아, 그가 하고 있는 것은 좋다고 생각될 수 없다.

> 동의표현 : in view of ~

0021 in [with] relation to ~

~에 관련하여

We must see parts in relation to the whole.
우리는 부분을 전체에 관련하여 보아야 한다.

0022 in place of ~ ~대신에

We use glass in place of crystal.
우리는 크리스탈 대신에 유리를 사용한다.

0023 in praise of ~

~을 칭찬하여, ~을 기리며, ~축하하여

The teacher spoke fervently in praise of the pupil.
선생님은 그 학생을 열심히 칭찬하며 말했다.

0024 in proportion as[to] ~ ~에 비례하여, ~에 따라서

Helen's sense of smell was acute in proportion as his eyesight was defective.
헬렌의 후각은 그의 시력이 결함이 있는 것만큼 예민했다.
Their earnings are in proportion to their skill.
그들의 벌이는 기능에 비례한다.

> in proportion as는 뒤에 '절', in proportion to는 뒤에 '구'를 인도한다.

0025 in pursuit of ~ ~을 추구하여(= looking for)

They came here in pursuit of work.
그들은 일거리를 찾아 이곳에 왔다.
We are all in daily pursuit of happiness.
우리들은 모두 매일 행복을 추구한다.

0026 in reference to ~ ~에 관해서

I have nothing to say in reference to this question.
이 문제에 관해서는 아무것도 할 말이 없다.

0027 in search of ~ ~을 찾아서

People rushed to California in search of gold.
사람들은 금을 찾아 캘리포니아로 쇄도했다.
She went south in search of health.
그녀는 건강을 찾아 남쪽으로 갔다.

0028 in terms of ~   ❶ ~에 의해 ❷ ~의 관점[측면]에서

❶ An idea is expressed in terms of action.
사상은 행동으로써 나타난다.
❷ You must not see life in terms of money.
너는 인생을 금전적인 면에서 보아서는 안 된다.

0029 in the cause of ~   ~을 위해

War is always fought in the cause of peace and democracy.
전쟁은 늘 평화와 민주주의를 위해 벌어졌다.

> 동의표현 : for the cause of ~

0030 in the course of ~
~의 경과 중에, ~ 동안에(=during)

I'll answer that question in the course of my lecture.
내가 강의하는 동안에 그 질문에 답할 것이다.

0031 in the interest(s) of ~
~을 위해(=for the sake of)

I'll do anything in the interests of humanity.
나는 인류를 위해 무엇이든 할 것이다.

0032 in the matter of ~ ~에 관하여

In the matter of food and clothing, we are pretty well off.
음식과 의복에 대해, 우리는 꽤 풍부하다.

0033 in token of ~ = as a token of ~
~의 표시로, ~의 기념으로

They wore ribbons of the same color in token of (their) friendship.
그들은 우정의 표시로 같은 색의 리본을 달았다.

0034 instead of ~ ~ 대신에

We learned Chinese instead of Japanese.
우리는 일본어 대신에 중국어를 배웠다.

0035 irrespective of ~ ~에 관계없이

It must be done irrespective of cost.
비용의 고하를 막론하고 그것은 행해져야 한다.

0036 not to speak (of) ~은 말할 것도 없이

She knows French, not to speak of Chinese.
그는 중국어는 말할 것도 없고, 프랑스어도 안다.

0037 · on arriving 도착하자마자(=on one's arrival)

On arriving [On my arrival] in Beijing, I called him up on the telephone.
나는 베이징에 도착하자마자 그에게 전화를 걸었다.

0038 · on one's part ~

~쪽은[의](=on the part of)

There is no objection on our part.
우리 쪽은 전혀 이의가 없다.

0039 · on the basis of ~

~을 기초로 하여

We hold a general election on the basis of universal suffrage.
우리는 보통 선거 방식에 의한 총선거를 시행한다.

0040 · previous to ~ ~이전에(=before)

He died previous to my arrival.
그는 내가 도착하기 전에 죽었다.

0041 thanks to ~

❶ ~ 덕택에 ❷ ~때문에(=owing to~, because of~)

❶ Thanks to her help, I was able to finish it in time.
나는 그녀 덕택에 그것을 제때에 끝낼 수 있었다.

❷ We had to stay there for two days, thanks to the heavy rain.
폭우 때문[덕택]에 이틀이나 그곳에 발이 묶이지 않으면 안 되었다.
〈비꼬는 의미로도 쓰인다〉

0042 so far as ~ ~까지는

We didn't go so far as boston.
우리는 보스턴까지는 가지 않았다.

○ 접속사로서의 so far as ~하는 한

0043 what with A and (what with) B

A하기도 하고 B하기도 하여

What with fatigue and (what with) hunger, we could walk no longer.
피로하기도 하고, 배고프기도 하여, 우리는 더 이상 걸을 수 없었다.

○ what by A and (what by) B와 between A and B는 동의 표현
what with는 원인, what by는 수단을 나타낸다.
Between astonishment **and** sorrow, she could not speak a word.
놀라기도 하고 슬프기도 하여 그녀는 한 마디도 말하지 않았다.

다시 한번 더 check 하기

A 보기의 표현들을 활용하여 아래 문장을 완성하시오.

| to advantage | by the way | in the cause of |
| for lack of | hand in hand | instead of~ |

1 We learned Chinese _____ Japanese.
우리는 일본어 대신에 중국어를 배웠다.

2 The flowers died _____ water.
꽃은 물이 없어서 죽었다.

3 This dress shows your figure _____ .
이 옷을 입으니 한결 모양이 난다.

4 We is always fought _____ peace and democracy.
전쟁은 늘 평화와 민주주의를 위해 벌어졌다.

5 He went _____ with them.
그는 그들과 손을 마주 잡고 있다.

6 _____ , are you free tonight?
그런데 오늘밤 시간 있어?

B 다음 영어 표현에 맞는 우리말을 서로 연결하시오.

1. once upon a time · · 교대로
2. not necessarily · · 도착하자마자
3. in exchange for · · 나란히
4. on arriving · · 그와 반대로
5. one after the other · · 반드시 ~한 것은 아니다
6. side by side · · ~대신에, ~와 교환으로
7. on the other hand · · 옛날옛적에

C 다음 영어표현에 주의하면서 우리말로 해석하시오.

1. I have eaten my fill, and I can have no more.

2. Generally speaking, Korea has a mild climate.

3. Tom and Jane fell in love at first sight.

4. He left New York for Seoul on business.

5. Those articles are on sale now.

Answer 354p

쉬어가는 코너
영어 퍼즐로 단어 쉽게 익히기 03

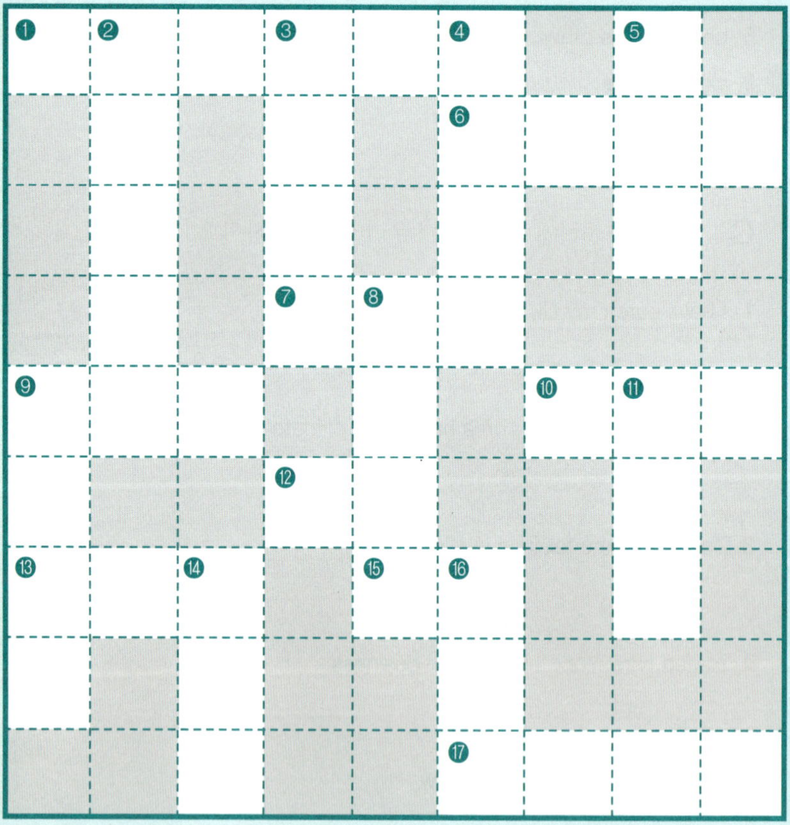

Answer 351p

가로열쇠

① 정원, 꽃밭. in the _____ 정원에서
⑥ 쉬운, 수월한, 편안한
　take it _____ 서두르지 않다, 편안하게 하다
⑦ 새끼 염소, 아이
⑨ 꿀벌, 벌
　_____ hive 꿀벌집, Queen _____ 여왕벌
⑩ 할 수 있다. I _____ do it. 나는 그것을 할 수 있다
⑫ 그것, 복수는 they. _____'s raining 비가 온다
⑬ 모든, 전부
　above _____ 무엇보다도, after _____ 결국
⑮ 혹은, 또는
⑰ 접시, 식기, 요리. wash the _____ 설거지하다

세로열쇠

❷ 사과
❸ 어두운, 캄캄한, 어둠
　in the _____ 어둠 속에서
❹ 필요로 하다, 필요하다, 필요
　I _____ you. 나는 네가 필요해
❺ 묻다, 부탁하다, 청하다
　_____ for 요청하다, 찾다
　Don't _____ me. 내게 묻지 마
❽ ~ 중에, ~ 안으로. get _____ ~에 들어가다
❾ 배, 보트
⓫ 팔
　in _____ 팔짱을 끼고, _____ chair 팔걸이 의자
⑭ 다리. cross one's _____s. 다리를 꼬다
⑯ 붉은, 빨간색. _____ pepper 고춧가루

접속사 역할을 하는 영어표현

접속사 역할을 하는 영어표현은 한정되어 있습니다. 이것들은 문장과 문장을 연결하는 중요한 역할을 하므로, 정확히 알지 않으면 영문 해석이나 작문에서 결정적인 실수를 저지르기 쉽습니다. 다음의 중요 접속사 표현을 정확히 공부하기 바랍니다.

0001

above ~ing ~하는 것을 수치라고 생각하다

He is above telling a lie.
그는 거짓말 하는 것을 수치라고 생각하고 있다
– 거짓말 할 사람이 아니다.

0002

according as ~ ~에 따라서

We'll let him go or stay according as he chooses.
그가 가든 말든 그가 선택하는 것에 따르자.

0003

as far as ~ ~하는 한

I'll help you as far as I can.
나는 가능한 한 너를 도울 것이다.

> ● 거리와 한정을 나타낸다. 전치사로 쓰이는 as far as는 ❶ ~까지는, ❷ ~만큼 멀리의 뜻이 된다.
> We drove as far as Chicago on Tuesday. 화요일에는 시카고까지 차를 몰았다.
> I didn't go as far as you. 나는 너만큼 멀리 가지는 않았다.

0004 as[so] long as ~

❶ ~하는 만큼 (오래) ❷ ~하기만 하면

❶ You may stay here as long as you want.
원하는 만큼 이곳에 머물러도 좋다.

❷ You may stay here as long as you keep quiet.
조용히 있기만 한다면 여기 있어도 좋다.

> ○ 때와 조건을 나타낸다. 전치사 용법도 있다.
> He has been in (the) hospital as long as two years.
> 그는 2년 동안 병원에 있었다.

0005 as often as ~ ~할 때마다

He failed as often as he tried.
그는 시도할 때마다 실패했다.

0006 but that ~ 만일 ~이 아니면(=if ~ not)

He would have failed in his business but that you helped him.
네가 도와주지 않았다면 그는 사업에 실패했을 것이다.

> ○ but that은 but for the fact that ~ ~라는 사실이 없다면의 for the fact가 생략된 것이라고 생각한다.

0007

for fear ~   ~하면 안 되므로, ~하지 않도록

I took an umbrella for fear it might rain.
비 맞으면 안 되므로, 나는 우산을 들었다.

0008

in order that A may B
A가 B하도록, A가 B하기 위해

He worked hard in order that he might support his family.
가족을 부양하기 위해 그는 열심히 일했다.

> so that A may B와 같은 뜻. in order는 생략되기도 한다. 최근에는 may 대신에 can이나 will이 자주 쓰인다.

0009

in that 절 ~   ~라는 점에서, ~이므로

I like him in that he is honest and candid.
나는 그가 정직하고 숨김이 없으므로 좋아한다.

0010

inasmuch as ~   ~이므로(=because)

Inasmuch as you have confessed, I will not punish you.
너는 자백했으므로, 벌주지는 않을 것이다.

0011 lest[for fear] A should[might] ~

A가 ~하지 않도록

He worked hard lest he should fail again.
= He worked hard for fear he should fail again.
= He worked hard so that he might not fail again.
= He worked hard so as not to fail again.
= He worked hard not to fail again.
그는 또다시 실패하지 않도록 열심히 일했다.

> 미국 영어에서는, should나 might는 생략한다. 또 lest를 쓰는 표현은 구식이며, 보통 in case, for fear (that) 등을 쓴다.

0012 no matter how [what, when, where, which, who]

아무리 ~ 하더라도

You'll never finish the job in a week, no matter how hard you try.
아무리 열심히 해도 이 일은 일주일에 끝낼 수 없을 것이다.

No matter how hard he may try, he will fail in the attempt.
아무리 열심히 해도, 그의 시도는 실패할 것이다.

I'm going no matter what happens.
= I'm going whatever happens.
무슨 일이 생겨도 나는 간다.

243

0013 not A because B
B라고 해서 A하지 않다

I do not despise him because he is poorly dressed.
나는 그가 옷을 남루하게 입었다고 해서 깔보지 않는다.

> I did not go, because I was ill. 나는 아파서 가지 않았다 처럼 because 앞에 콤마가 있을 때에는 뜻이 전혀 달라짐에 주의

0014 now (that) ~ ~이므로

Now that you are here, I can go shopping.
네가 여기 있으므로 나는 장보러 갈 수 있다.

0015 on condition that ~
~이라는 조건으로, 만일 ~이라면

I will go there on condition that you accompany me.
만일 네가 온다면 나는 그곳에 갈 것이다.

0016 on the ground that ~
~라는 이유로(=because)

He was excused on the ground that he was young.
그는 어리다는 이유로 용서받았다.

> 여기의 on은 ~에 기초하여의 뜻 / ground는 이유, 근거의 뜻

0017

provided (that) ~ 만일 ~이면

They don't care provided (that) they have enough to eat and drink.

먹고 마실 것이 충분하면 그들은 아무 걱정이 없다.

0018

seeing (that) ~

~이니까, ~을 생각하니

Seeing (that) you are busy on Saturday evening, I'll call you on Monday.

너는 토요일 오후에 바쁜 것 같으니 월요일에 전화할게.

0019

simply[merely, only] because ~

단지 ~라는 이유로

We refused to marry him simply because he was poor.

우리는 그가 단지 가난하다는 이유로 결혼하는 것을 거절했다.

0020

so that A can B A가 B하도록

Work hard so that you can get into a good college.

좋은 대학에 들어갈 수 있도록 열심히 공부해라.

0021 the (very) moment (that) 순간, ~하자마자

The moment he saw me, he ran away.
그는 나를 본 순간 도망갔다.

0022 (so) that A may B A가 B하기 위해

He works hard so that he may succeed.
그는 성공하기 위해 열심히 공부한다.

0023 till (at last) 그리고 마침내, 결국

He ran and ran, till he could run no more.
그는 달리고 달려서, 결국 더 이상 달릴 수 없었다.

> ◐ 이 의미로 쓰일 때에는 흔히 till의 앞에 콤마(,)가 있다.

0024 what (books) ~

(책) 모두, ~하는 (책) 전부(=all the ~)

I read what books are available.
나는 손에 들어오는 책이라면 무엇이든 읽는다.
Lend me what money you can.
네가 빌려 줄 수 있는 대로 나에게 돈을 빌려다오.

> ◐ 여기의 what은 '관계형용사'. what 다음에 명사를 쓰면 「all the+명사」의 뜻이 된다.

0025 whether A or B
A이든 B이든 간에, ~일지 어떨지

Whether you like or not, you have to do your homework.
너는 좋든 싫든 너의 숙제를 해야 한다.

I don't know whether he speaks English or not.
그가 영어를 말하는지 못하는지 나는 모른다.

0026 with the result that ~ 그 결과

We made mutual concessions with the result that the matter was settled at once.
우리는 서로 양보했다. 그 결과 그 문제는 해결되었다.

UNIT 008 수량을 나타내는 영어표현

물질명사는 셀 수 없기 때문에 a를 붙일 수 없습니다. 그래서 부득이 셀 경우에는 '종류' 또는 셀 수 있는 대상이 되는 '용기'에 넣어서 셉니다. 예를 들어, water를 '용기'에 넣을 때 유리잔이라는 용기에 넣으면 '글라스 한 잔의 물'은 a glass of water가 됩니다. 복수형으로 쓸 때에는 '용기'를 복수형으로 표현합니다.

0001 a cake of ~ 한 개의 (비누)

The package contained ten cakes of soap.
이 포장에는 10개의 비누가 들어있다.

> a piece of soap 비누 한 장

0002 a couple of ~ ❶ 두 개의 ❷ 두 서넛의, 약간의

❶ I'd like to have a couple of shirts.
와이셔츠 두 장이 있으면 좋겠습니다.
❷ He stayed there a couple of days.
그는 2, 3일 그곳에 머물렀다.
I have a couple of things to do.
나는 해야 할 일이 조금 있다.

0003 a flock of ~ 한 무리의 (새)

A flock of swans were sliding on the lake.
한 무리의 백조가 호수 위를 미끄러지듯 헤엄치고 있었다.

0004

a good few 꽤 많은, 적지 않은(=quite a few)

There were a good few white people there.
그곳에는 꽤 많은 백인이 있었다.

0005

a great many

매우 많은(=a great[large, good] number of)

There were a great many young girls at the concert.
연주회에 젊은 여자들이 매우 많이 있었다.

0006

a herd of ~ 한 무리의(짐승)

A herd of cattle were wandering in the meadow.
소의 무리가 목장에서 거닐고 있었다.

0007

a loaf of ~ 한 개의 (빵)

During the war, a loaf of bread was a precious food.
전시에는 한 조각의 빵이 귀중한 양식이었다.

0008

a (large) quantity of ~ 많은

This car consumes a large[small] quantity of fuel.
이 차는 다량의[소량의] 연료를 소비한다.

0009 a measure of ~ 얼마간의

A measure of gasoline is left, so we can drive another thirty miles.
얼마간의 휘발유가 남아있으므로, 30마일은 더 갈 수 있다.

0010 a number of ~ ❶ 약간의(= some) ❷ 꽤 많은

❶ There are a number of reasons why I don't like Tom.
내가 탐을 좋아하지 않는 이유가 몇 가지 있다.
❷ A number of passengers were injured in the accident.
그 사고로 꽤 많은 승객들이 부상당했다.

0011 a school of ~ 한 무리의(물고기)

A school of little fish were swimming in the river.
한 무리의 작은 물고기가 강에서 헤엄치고 있었다.

0012 a shade 조금(= a little)

Your skirt is a shade too short.
너의 스커트는 좀 너무 짧다.

0013 a slice of ~ 한 조각의

a slice of bread 얇게 자른 빵 한 조각

0014 a swarm of ~ (움직이고 있는) 한 무리[떼]의

A swarm of bees were flying from flower to flower.
한 무리의 벌들이 꽃에서 꽃으로 날고 있다.

0015 a touch of ~ 조금

This salad needs a touch of pepper.
이 샐러드는 후추가 조금 더 필요하다.
She had a touch of the sun.
그녀는 가벼운 일사병에 걸렸다.

0016 all manner of ~ 모든 종류의

Does Korea export all manner of goods?
한국은 모든 종류의 상품을 수출하고 있습니까?

0017 as many 같은 수의

She read through five books within as many days.
그는 5일에 5권의 책을 읽었다.

as much 그 만큼의

I have quite as much experience (as you have).
나도 그 만큼의 경험이 있다.

hundreds of thousands of ~
수십만의

Hundreds of thousands of people are said to have been killed.
수십만의 사람들이 살해되었다고 한다.

many a + 단수명사 많은

Many a poet has struggled to express the same feeling.
많은 시인들이 같은 감정을 표현하려고 고심해 왔다.

many articles of ~ 많은

That room is furnished with many articles of gorgeous furniture.
그 방에는 많은 호화스러운 가구가 갖추어져 있다.

○ an article of 한개의

0022 **not a few** 적지 않은, 꽤 많은

He made not a few mistakes in the quiz.
그는 간단한 시험에서 꽤 많이 틀렸다.

0023 **numbers of ~** 많은, 다수의

There are numbers of people who believe it.
그것을 믿고 있는 사람은 많다.

0024 **of a kind** 같은 종류의

The fish of a kind tend to live together.
같은 종류의 물고기는 함께 생활하는 경향이 있다.

> ○ of a sort도 같은 뜻이며, 여기의 a는 the same의 의미. a kind of, a sort of 일종의와 구별하자.

0025 **part of ~** ~의 일부분

Part of the apple is rotten.
그 사과의 어느 부분은 썩었다.
Part of the apples are rotten.
사과 중 몇 개는 썩었다.

0026

quite a few 적지 않은, 상당히 많은

Quite a few houses were burnt down.
꽤 많은 집들이 불에 타버렸다.

> 동의표현 : a good few, quite a little

0027

scores of ~ 많은, 다수의

I have been there scores of times.
나는 그곳에 여러 번 간 적이 있다.

> score는 원래 '20'이라는 뜻이었다.
> four score and seven years ago 87년 전에
> a score of eggs 20개의 달걀

0028

so many ❶ 같은 수의, 그 만큼의 ❷ 그렇게 많이

❶ So many men, so many minds.
십인십색

❷ You should not take so many.
그렇게 많이 집어서는 안 된다.

0029

the better part of 대부분의

I kept silent for the better part of the meeting.
나는 그 모임에서 대부분 침묵하고 있었다.

수 읽기와 쓰기

Date 날짜

한국에서는 날짜를 쓸 때 큰 순서대로 쓰지만 (년, 월, 일, 요일, 날짜) 영어식 날짜쓰기는 이와 반대의 순서로 표현(요일, 월, 일, 연도, 날씨)하며 서수로 표현하기도 한다.

June twenty five nineteen fifty 1950년 6월 25일
Friday August (the) first two thousand fourteen, rainy
2014년 8월 1일 금요일 비옴

Year 연도

연도는 두 자리씩 나누어서 읽는다.
nineteen hundred 1900년
nineteen eighty nine 1989년

2000년 이후부터는 two thousand로 읽는다.
two thousand 2000년
two thousand eleven 2011년

Telephone number 전화번호

전화번호는 숫자를 하나씩 읽는다. 단, 0은 '오우'라고 읽으며, 숫자가 겹칠 때에는 double~로 읽으면 된다.

one two three, four five six seven 123-4567
four five three, one o double four 453-1044

다시 한번 더 check 하기

A 보기의 표현들을 활용하여 아래 문장을 완성하시오.

> with the result that   a couple of
> the better part of   of a kind
> not A because B   as much

1 I do _____ despise him _____ he is poorly dressed.
나는 그가 옷을 남루하게 입었다고 해서 깔보지 않는다.

2 I kept silent for _____ the meeting.
나는 모임에서 대부분 침묵하고 있었다.

3 We made mutual concessions _____ the matter was settled at once.
우리는 서로 양보했다. 그 결과 그 문제는 해결되었다.

4 I'd like to have _____ shirts.
와이셔츠 두 장이 있으면 좋겠습니다.

5 The fish _____ tend to live together.
같은 종류의 물고기는 함께 생활하는 경향이다.

6 I have quite _____ experience (as you have).
나도 그 만큼의 경험이 있다.

B 다음 영어 표현에 맞는 우리말을 서로 연결하시오.

a touch of	만일 ~이 아니라면
but that	~ 하는 한
not a few	~하는 만큼(오래)
as far as	조금
part of	~에 따라서
according as	일부분
as long as	적지 않은

C 다음 영어표현에 주의하면서 우리말로 해석하시오.

I'm going no matter what happens.
_____

During the war, a loaf of bread was a precious food.
_____

He is above telling a lie.
_____

He was excused on the ground that he was young.
_____

He ran and ran, till he could run no more.
_____

We refused to marry him simply because he was poor.
_____

Answer 354p

쉬어가는 코너
영어 퍼즐로 단어 쉽게 익히기 04

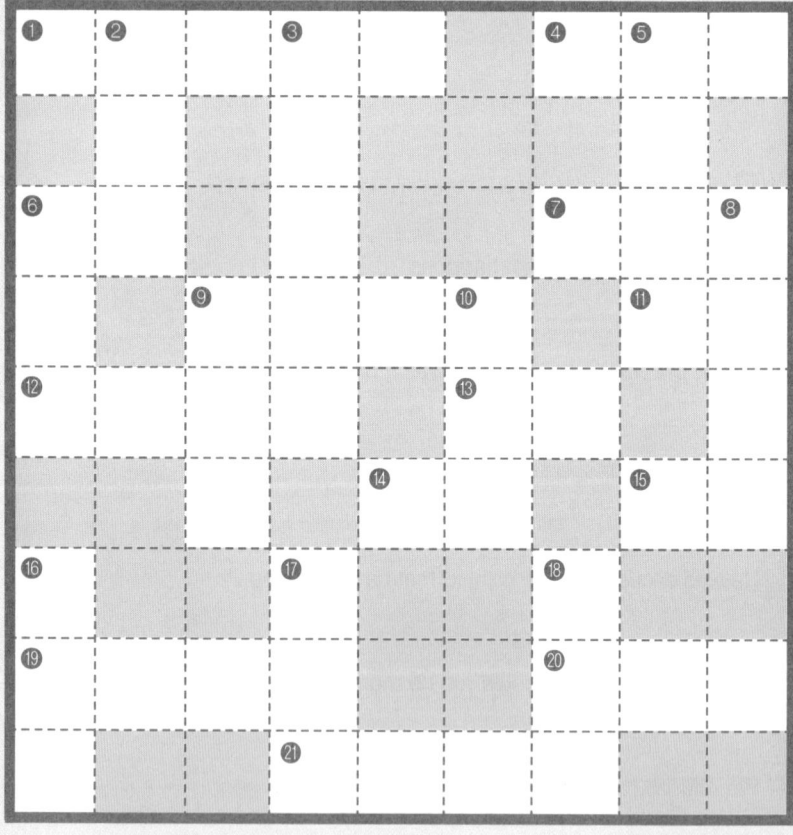

Answer 351p

가로열쇠

① ~에 관하여, ~에 대하여.
_____ music 음악에 관하여
④ 동물원. in the _____ 동물원 안에
⑥ 나의, I의 소유격. _____ mother 나의 어머니
⑦ 침대, 잠자리. go to _____ 잠자리에 들다
⑨ 그밖에, 달리
⑪ 아니다, 아니. have _____ money 돈이 없다
⑫ 공책. _____ book을 간단히 적은 낱말
⑬ 가다. _____ away! 저리가!
⑭ no good의 약자로 드라마나 영화 촬영 시 연기가 좋지 않을 때 하는 말
⑮ I의 목적격. It's _____ . 나야.
⑲ 역시, 또한. I _____ love you. 나 역시 널 사랑해.
⑳ 사용하다, 이용하다
㉑ 정오, 대낮

세로열쇠

② 소년, 사내 아이. _____ friend. 남자 친구
③ 아저씨, 삼촌
_____ Tom's cabin. 톰 아저씨의 오두막집
⑤ 열다. _____ the door. 문 열어
⑥ 남자, 어른, 인간, 남자로 쓰였을 때 (↔woman)
⑧ do의 과거분사. do - did - _____
⑨ et cetera, ~ 등등
⑩ 달걀
⑯ 길, 방법. by the _____ 그런데, My _____ 나의 길
⑰ 아들. my _____ 내 아들,
I have two _____s. 나는 아들이 둘이다
⑱ 달리다, 달아나다
_____ away 도망가다, _____ out of 다 쓰다

같은 뜻을 지닌 영어표현

영어에는 같은 뜻을 가진 영어표현이 참으로 많습니다. 자주 접해서 익혀 놓지 않으면 혼란스러울 때가 많을 것입니다. 이곳에 있는 표현들은 영자신문이나 영화 표현에 자주 등장하는 표현이니 잘 알아두시면 많은 도움이 될 것입니다.

0001

accuse A of B
charge A with B A를 B로 고소(비난)하다

They accuses her of theft.
그들은 그녀를 절도죄로 고발했다.
He was charged with a theft.
그는 절도죄로 고소당했다.

> ● be charged with는 영국식 어법이며, 미국에서는 It is charged that he commit a theft 처럼 말한다.

0002

after a while
by and by
before long 이윽고

After a while all the passengers will board the plane.
얼마 안 있어 모든 승객이 비행기에 탑승할 것이다.
By and by I learned to speak English.
이윽고 나는 영어로 말하게 되었다.

260

0003
all at once
all of sudden 갑자기 (= suddenly)

All at once she felt tired of her whole life.
갑자기 그녀는 자기 인생에 권태를 느꼈다.

0004
All you have to do is (to)
You have only to
~하기만 하면 된다

All you have to do is sign your names here.
너는 여기에 서명만 하면 된다.

> All you have to do is 뒤의 to는 흔히 생략된다.

0005
and so on
and the like
and what not
and so forth ~ 따위, ~등

They sell balls, bats, gloves, and so on at the store.
그 가게에서는 공, 배트, 글로브 등을 팔고 있다.
He sells books, toys, and what not.
그는 책이나 장난감 등 여러 가지를 팔고 있다.

0006
as a rule
on the whole
by and large 대체로, 일반적으로

As a rule, I do not sit up late.
대체로 나는 밤늦게까지 자지 않고 있는 일은 없다.

0007
as far as I know
to (the best of) my knowledge
내가 아는 한

As far as I know, Johnson has never made such a mistake.
내가 아는 한, 존슨은 그런 실수를 한 적이 없었다.

0008
as for me
for my part
so[as] far as I am concerned 나로서는

As for me, I have nothing to complain of.
나로서는 아무 불평도 없다.

0009
as it were
so to speak 말하자면

He is, as it were, a walking dictionary.
그는, 말하자면, 걸어다니는 사전이다.

0010
as often as not
more often than not 자주, 대개

As often as not, he is late for school.
그는 자주 지각한다.
More often than not the buses are late in the evening.
대개 버스는 저녁때에 늦는다.

> ○ as often as not은 빈도가 50% 이상, more often than not은 50% 미만일 때에 쓴다.

0011
as regards
Regarding ~에 관해서

As regards money, I have enough.
돈이라면 나는 충분히 가지고 있다.
Regarding your request, I am replying for my company.
문의사항에 관하여 제가 회사를 대표해서 답변하겠습니다.

0012
ascribe A to B
attribute A to B A를 B의 탓으로 돌리다

He ascribes his success to his friends' help.
그는 그의 성공을 친구의 도움 덕택이라고 말한다.

0013

**as soon as ~
scarcely[hardly] A before b
no sooner A than B** A하자마자 B하다

Call me as soon as you get there.
도착하면 즉시 나에게 전화해라.

No sooner had I hung up than the phone started to ring again.
= I had no sooner hung up than the phone started to ring again. 전화를 끊자마자 또 전화벨이 울렸다.

Scarcely [Hardly] had he escaped from the prison when [before] he was recaptured.
그는 탈옥하자마자 또 붙잡혔다.

0014

**at a loss
at one's wit's [wits] end**

어찌할 바를 몰라서

I was at a loss for an answer to the question.
그 질문에 어떻게 대답해야 좋을지 난처했다.

0015

**at length
in detail** 자세히

She explained at length what had been decided.
그녀는 결정된 것을 상세하게 설명했다.

> ○ at length에는 마침내(=at last)의 뜻도 있다.
> **At length** peace was restored. 마침내 평화가 회복되었다.

0016
at one's best
in full bloom 최상의 상태로

The cherry blossoms are at their best.
그 벚꽃들은 지금이 한창이다.

0017
at the expense (cost) of ~
at the sacrifice of ~
at the price of ~ ~을 희생하여

He did it at the expense of his health.
그는 건강을 희생하며 그것을 했다.
He tried to make money at the cost of his own life.
그는 자신의 생명을 무릅쓰고 돈을 벌려고 애썼다.

0018
at the first opportunity
on the first occasion 기회가 나는 대로

I'll contact him at the first opportunity.
기회가 나는 대로 그에게 연락할 것이다.

0019
at times
from time to time
now and then 이따금, 때때로(=sometimes)

She drinks a little at times.
그녀는 술을 이따금 조금 마신다.

265

0020
**avail oneself of ~
take advantage of ~
make use of ~** (기회 등을) 이용하다

Avail yourself of every opportunity to speak English.
영어를 말할 모든 기회를 이용하라.
You may avail oneself of any book in my library.
너는 나의 책장에서 어떤 책이든 이용해도 좋다.

0021
**B as well as A
not only A but (also) B**
A 뿐만 아니라 B도

She is not only kind but (also) honest.
그녀는 친절할 뿐만 아니라 정직하다.

0022
**be accustomed to ~
be used to ~** ~에 익숙해 있다

I am not accustomed to walking long distance.
나는 장거리 여행은 익숙하지 않다.
I'm used to sleeping on a cold room.
나는 추운 방에서 자는 데에 익숙하다.

> ◯ get[become] used to~ ~에 익숙해지다
> We soon got used to their ways. 우리들은 곧 그들의 방식에 익숙해졌다.
> 한편 be accustomed to의 to 뒤에는 명사나 동명사가 이어진다.

0023
be apt to ~
be inclined to ~
be likely to ~ ~하기 쉽다

This kind of weather is apt to occur on days in late July.
이런 날씨는 7월말에 일어나기 쉽다.

0024
be at home in ~
be versed in ~
inform oneself of ~ ~에 정통하다

Bill is not at home in any of the social sciences.
빌은 사회 과학의 어느 것도 잘 알지 못한다.
He informed himself of all the procedures.
그는 모든 과정에 정통했다.

0025
be equal to ~
be qualified for ~ ~을 감당하다, ~에 적당하다

I'm not equal to the task.
나는 그 일을 감당할 수 없다.

> ○ **be equal to~**는 ~과 동등하다의 뜻도 있다.
> Ten times five **is equal to** fifty. 10 곱하기 5는 50이다.

267

0026
be famous for ~
be well-known for ~
be noted for ~ ~으로 유명하다

The town is famous for its old castle.
그 마을은 오래된 성으로 유명하다.

0027
be filled with ~
be full of ~ ~으로 가득하다

This box is full of ten-dollar bill.
이 상자에는 10달러 지폐가 가득 들어 있다.

> ○ be full of 에는 ~에 열중하다의 뜻도 있다.
> She is full of her own affairs. 그녀는 자기 일로 머리 속이 꽉 차 있다.

0028
be lacking[wanting] in ~
be in want of ~ ~이 없다, ~이 부족하다

Nothing is lacking in their happy life.
그들의 행복한 생활에 부족한 것은 아무것도 없다.

0029
be alive to ~
be sensitive to ~ ~에 민감하다

Politicians must be alive to the needs of the people.
정치가는 국민의 요구에 민감하지 않으면 안 된다.

0030
be lost in ~
lose oneself in ~ ~에 몰두하다

He was lost in thought.
그는 생각에 몰두해 있었다.

0031
be notorious for ~
be infamous for ~ ~으로 악명 높다

New York is notorious for its crimes and violence.
뉴욕은 범죄와 폭력으로 악명 높다.

0032
be on the lookout for ~
watch out for ~ ~을 망보다, 경계하다

My wife is always on the lookout for bargains.
아내는 염가매출 상품에 눈을 밝히고 있다.

They were watching out for a storm.
그들은 폭풍을 경계하고 있었다.

0033
be on the point of ~ing
be about to ~ 막 ~하려고 하다

The boy was on the point of drowning when the rescue arrived.
구조대가 왔을 때 그 소년은 막 익사하려는 중이었다.

The bus was just about to start.
버스는 막 떠나려고 했다.

0034
be poor at [in] ~
be weak in ~
be bad at ~ ~이 서투르다, 잘하지 못하다

Charlie is poor at science.
찰리는 과학을 잘 못한다.

0035
beside the mark
wide of the mark 얼토당토 않은, 빗나간

Your calculation is beside the mark.
너의 추측은 빗나갔다.
His accusations were wide of the mark.
그의 비난은 얼토당토 않았다.

0036
be proud of ~
boast of ~
pride oneself on ~
take pride in ~ ~을 자랑하다

I am proud of my son.
나는 아들을 자랑스럽게 생각한다.
Jane boasted of her success.
제인은 자기의 성공을 뽐냈다.

0037
be tired of ~
be weary of ~
be sick of ~ ~에 싫증나다, ~이 지겹다

I'm tired of your conversation.
나는 너의 이야기가 지겹다.

I am tired of reading.
나는 독서에 싫증난다.

> ○ **be tired from[with] ~** ~ 때문에 피곤하다
> They're tired from working so hard all day.
> 그들은 종일 열심히 일했기 때문에 피곤하다.

0038
burst into tears
burst out crying 갑자기 울음을 터뜨리다

The girl burst into tears when she heard the sad news.
그 소녀는 슬픈 소식을 듣자 울음을 터뜨렸다.

0039
by and large
in general 대체로

By and large Korean are industrious people.
대체로 한국인은 부지런하다.

In general, old people are early risers.
대체로 노인들은 일찍 일어난다.

0040
brood over ~
dwell on ~ ~을 곰곰이 생각하다

The boy was brooding over the death of his father.
그 소년은 아버지의 죽음에 대하여 곰곰이 생각하고 있었다.

> ○ dwell on ~을 자세히 쓰다, 역설하다의 뜻도 있다
> The book **dwells on** the horrors of nuclear war.
> 그 책은 핵전쟁의 공포에 대해 자세히 썼다.

0041
by all means
at all costs
at any cost 반드시, 어떤 일이 있더라도

You should by all means read the book.
너는 반드시 그 책을 읽어야 한다.

> ○ by all means에는 좋고 말구요, 그러시죠의 뜻도 있다.
> "May I use your phone?" "**By all means.**"
> "전화를 써도 되겠습니까?" "그러세요"

0042
by dint of ~
by means of ~ ~에 의하여, ~으로

He managed to rise in the world by dint of hard work.
그는 열심히 일한 덕택에 출세했다.

We express our thoughts by means of words.
우리는 사상을 말로 표현한다.

0043
cannot but ~
cannot help ~ing ~하지 않을 수 없다

I could not but think that he was dead.
그는 죽었다고 생각하지 않을 수 없었다.
I can't help wondering about the child.
나는 그 아이에게 호기심을 갖지 않을 수 없다.

0044
cannot ~ too
can't ~ enough 아무리 ~해도 지나치지 않다

You cannot be too careful about your health.
건강은 아무리 주의해도 지나치지 않다.
I can't praise his courage enough.
그의 용기는 아무리 칭찬해도 지나치지 않다.
I can't thank you enough.
어떻게 감사를 드려야 할지 모르겠습니다.

0045
catch hold of ~
get hold of ~
take hold of ~ ~을 붙잡다

Take a good hold of the oars.
노를 꼭 잡아라.

0046
come across ~
run into ~ 우연히 만나다

When I was walking, I come across an old friend of mine.
나는 걷고 있을 때 우연히 옛 친구를 만났다.

> ◐ 우연히 만나다의 동의표현
> come upon = run across = run upon = fall across
> 한편, come across에는 갑자기 생각나다의 뜻도 있다.
> A good idea came across my mind. 좋은 생각이 내 마음에 떠올랐다.

0047
come into being
come into existence 생기다, 탄생하다

When did this world come into being.
이 세계는 언제 생겼나?

0048
cut a fine figure
make a figure 두각을 나타내다, 이채를 띠다

He cut a fine figure in company.
그는 사람들 속에서 이채를 띠었다.

He made a figure in his school days.
그는 학창 시절에 두각을 나타냈다.

> ◐ figure 앞에 good이나 fine을 붙일 수 있다. 한편 poor가 붙으면 초라하게 보이다의 뜻이 된다.
> He cut a poor figure in company. 그는 사람들 속에서 초라하게 보였다.

0049
commit suicide
kill oneself 자살하다

According to Catholicism those who have committed suicide are not admitted to heaven.
천주교의 교의에 의하면, 자살을 한 사람은 천당에 들어가지 못한다.

0050
depend on [upon] ~
rely on [upon] ~
count on ~
turn to ~ ~을 기대하다, 의지하다

We all depend upon many people for our happiness.
우리는 모두 행복을 위해 많은 사람들에게 의지한다.

We are counting on you for financial help.
우리는 당신의 재정적 원조를 기대하고 있다.

If you travel on your own, there is no one to turn to for support at moments of depression.
혼자 여행을 하면, 기분이 울적할 때에 의지할 사람이 없다.

0051
die away
die down 소멸하다, (소리, 빛 등이) 약해지다

The music slowly died away.
음악은 천천히 소리가 약해졌다.

The wind has finally died down.
바람은 마침내 잦아들었다.

0052
**do without ~
dispense with ~
go without ~** ~없이 지내다

I cannot do without this dictionary even a day.
나는 하루도 이 사전 없이 지낼 수 없다.
Machinery dispenses with much labor.
기계는 많은 노동을 덜어주었다.

0053
**far from (~ing)
anything but
by no means
not at all
not ~ in the least** 결코 ~아니다

His answer was far from satisfactory.
그의 대답은 결코 만족스럽지 않았다(만족과는 거리가 멀었다).

She is far from blaming him.
그녀는 결코 그를 꾸짖지 않는다.

0054
**for nothing
free of charge** 공짜로, 무료로

You can have it for nothing.
그것을 공짜로 가져라.
You can see the film free of charge.
이 영화는 공짜로 볼 수 있다.

0055
for all
with all
after all
in spite of ~ ~에도 불구하고

For all her faults, I love her still.
그녀에게 결점들이 있지만, 나는 그녀를 사랑한다.

With all his faults he is a great scholar.
결점은 있지만 그는 위대한 학자이다.

After all my advice, are you still neglecting your work?
나의 충고에도 불구하고 너는 아직 공부를 게을리 하고 있느냐?

0056
for the purpose of ~
with a view to ~ing
in order to ~
so as to ~ ~할 목적으로

He came to Seoul **for the purpose of** getting a new job.
그는 새 일을 찾기 위해 서울에 왔다.

He has started to save money **with a view to** buy**ing** a house.
그는 집을 살 목적으로 돈을 저축하기 시작했다.

Work hard **so as** not **to** fail the exam.
시험에 떨어지지 않도록 열심히 공부해라.

○ with a view to의 뒤에 동명사가 오는 것에 주의

0057
for want of ~
for lack of ~ ~이 없어서, ~이 부족하여

She failed for want of experience.
그녀는 경험 부족으로 실패했다.

0058
frankly speaking
to be frank(with you) 솔직히 말하면

Frankly speaking, I don't like it.
솔직히 말해서, 나는 그것을 좋아하지 않는다.

0059
from the standpoint of ~
from the point of view of ~ ~의 입장에서

From the standpoint of a scientist, it is unbelievable.
과학자의 입장에서 보면 믿을 수 없는 일이다.

> ○ from a historical point of view 역사적 관점에서
> From a historical point of view, it was a very meaningful event.
> 역사적 관점에서, 그것은 매우 의미 있는 사건이었다.

0060
get lost
lose one's way 길을 잃다

He got lost in the woods.
그는 숲 속에서 길을 잃었다.

0061
get acquainted with ~
get to know ~와 알게 되다

I got to know her when she was in elementary school.
나는 초등학생 때 그녀를 알게 되었다.

0062
give in ~
yield to ~
give way (to) ~ 굴복하다, ~에 따르다

He gave in to my view.
그는 나의 의견을 따랐다.

> ○ give in은 제출하다의 뜻도 있다.
> **Give in** your homework by Monday next week.
> 내주 월요일까지 숙제를 제출하라.

0063
hold good
hold true ~에 들어맞다, 적용되다(=apply)

This rule holds good to all the natural phenomena.
이 법칙은 모든 자연 현상에 적용된다.

> ○ **hold good**은 유효하다, 효력이 있다의 뜻도 있다.
> This ticket **holds good** for three days. 이 표는 3일간 유효하다.

0064
in a hurry
in haste 급히

One of the maids was sent in a hurry for the doctor.
가정부 중 한 사람이 급히 의사를 부르러 갔다.

> **in a hurry**에는 당황하여와 쉽게의 뜻도 있다.
> I forget to take my umbrella **in a hurry**.
> 나는 당황해서 우산 가져오는 것을 잊었다.
> I won't accept his new plan **in a hurry**.
> 나는 그의 새로운 계획을 쉽게 받아들이지 않을 것이다.

0065
in brief
in short
in a word 간단히, 요컨대, 결국

He gave his reason in brief.
그는 이유를 간단히 말했다.
In a word, this government isn't fit to rule.
요컨대, 이 정부는 통치할 자격이 없다.

0066
in effect
in substance 사실상

His reply was in effect a refusal.
그의 대답은 사실상 거절이었다.

0067

in nine cases out of ten
nine times out of ten
ten to one 십중팔구, 대개

He is wrong in nine cases out of ten.
그가 말하는 것은 대개 틀리다.
Ten to one she will forget it.
십중팔구 그녀는 그것을 잊었을 것이다.

0068

in no time
at once
without delay
right away 즉시

The dinner will be ready in no time.
저녁식사가 곧 준비된다.

0069

in one's shoes
in one's place ~의 입장에서

If I were in Tom's place, I wouldn't do it.
내가 만일 탐의 입장이었다면, 그것을 하지 않을 것이다.

> ○ in one's place[stead]는 다음과 같은 뜻도 있다.
> ❶ 대신에
> I will go in your place. 내가 네 대신에 가겠다.
> ❷ 정해진 장소, 있어야 할 곳
> Please put it back in its place. 원래 있던 장소에 되돌려 놓으시오.

0070
insist on [upon] ~
persist in ~ 강력히 요구하다, 주장하다

They insisted on his being there.
그들은 그에게 그곳으로 오라고 강요했다.
He persists in his opinion.
그는 그의 의견을 고집한다.

0071
in the end
in the long run 결국

He had to give up the plan in the end.
그는 결국 그 계획을 포기해야만 했다.
I believe that honesty will triumph in the long run.
나는 정직하면 결국 승리할 것이라고 믿는다.

0072
It goes without saying that
[It is] needless to say (that)
~은 말할 필요도 없다

It goes without saying that health is better than wealth.
건강이 재물보다 낫다는 것은 두말할 필요가 없다.
It is needless to say that honesty is the best policy.
정직이 최선의 방책이라는 것은 말할 필요도 없다.

0073
It is no use[good] ~ing
There is no use[good] (in) ~ing
~해도 소용없다

It is no good trying to persuade him.
그를 설득하려 해도 소용없다.
There is no use (in) complaining.
불평해도 소용없다.

0074
judging from[by]~
to judge by ~ ~으로 판단하면

Judging from what you say, you are not happy with your wife.
네 말을 들어보니, 너는 네 아내와 잘 지내지 못하는구나.
He is an Irishman, to judge by his accent.
그의 억양으로 판단하건대, 그는 아일랜드 인이다.

0075
keep[be] abreast of ~
keep up with ~ ~에 뒤떨어지지 않다

She tries to keep abreast of the latest fashion.
그녀는 최신 유행에 뒤떨어지지 않으려고 애쓴다.

0076
know A from B
distinguish A from B
distinguish between A and B
tell A from B A와 B를 구별하다

It is sometimes difficult to know[tell] good from evil.
선과 악을 구별하는 것은 때때로 어렵다.

0077
lay[set] by
put[set] aside 저축하다, 비축하다

She laid aside some money for her old age.
그녀는 노년을 대비해 돈을 저축했다.
Now that you are married, you should put by some money for a rainy day.
그녀는 노년을 대비해 돈을 저축했다.

0078
make allowance(s) for ~
allow for ~
take A into account
take account of ~ ~을 참작하다 ~을 고려하다

You should make allowances for his age.
너는 그의 나이를 참작해야 한다.
We had better take their proposal into account.
우리는 그들의 제안을 참작하는 편이 좋다.
We should take his unfavorable circumstance into account. 우리는 그의 불리한 조건을 고려하지 않으면 안 된다.

0079
major in ~
specialize in ~ ~을 전공하다

I want to major in American history.
나는 미국 역사를 전공하고 싶다.

0080
make a point of ~ing
make a habit of ~ing
make it a rule to do 습관적으로 ~하다

He made a point of reading ten pages every day.
그는 습관적으로 매일 10페이지씩 읽는다.

I make it a rule to get up at six in the morning.
나는 아침 6시에 일어나는 게 예사이다.

0081
make up for ~
make amends for ~
make compensate for ~ ~을 보충[보상]하다

In his old age he tried to make up for what he had refused to do when he was young.
나이를 들고 나서, 그는 젊었을 때에 하지 않았던 것을 보충하려고 애썼다.

Money cannot make up for life.
돈으로 생명을 보상할 수 없다.

0082 make do with [on]
make do 임시변통하다, (최소한에) 만족하다

We can make do with[on] less money.
우리는 좀더 적은 비용으로 끝낼 수 있다.

We hadn't time for lunch, but we made do with sandwiches.
우리는 점심 먹을 시간이 없어서 샌드위치로 때웠다.

0083 much less ~
let alone 하물며 [더구나] ~은 아니다

He doesn't speak English, much less Japanese.
그는 영어를 못한다. 하물며 일본어는 말할 나위없다.

0084 never A without B ~ing
never A but B A하면 반드시 B 한다

It never rains but it pours.
비가 오기만 하면 퍼붓는다. 〈속담〉

I never see you but I think of my brother.
= I never see you without thinking of my brother.
나는 너를 보면 내 동생이 생각난다.

0085
never[not] fail to ~
cannot fail to ~
without fail 반드시 ~하다

She never fails to accept my advice.
그녀는 나의 충고는 반드시 받아들인다.

If you study hard, you cannot fail to succeed.
열심히 공부하면 틀림없이 성공할 것이다[성공하지 못할 리가 없다].

> never fail to do는 동사구이며, without fail은 부사구로 쓰인다.

0086
no ~ whatever
not in the least 전혀 ~이 없다, 조금도 ~ 않다

I have no plans whatever.
나는 전혀 계획이 없다.

I'm not in the least tired.
나는 조금도 피곤하지 않다.

> 동의표현 : not ~ at all, not ~ a bit

0087
not altogether ~
not entirely[quite] 전적으로 ~인 것은 아니다

They are not altogether correct.
그들이 전적으로 옳은 것은 아니다.

> 부분부정을 나타내는 어구에 not ~ all[every] 전부가 ~인 것은 아니다
> not always[necessarily] 반드시 ~인 것은 아니다 등도 있다.

287

0088
not[never] so much as ~
without so much as ~ ~조차 하지 않다

I never so much as looked at his letter.
나는 그의 편지를 보기조차 하지 않았다.

She left me without so much as saying good-bye.
그녀는 작별 인사도 없이 떠났다.

0089
on earth
the devil
in the world 〈의문사 바로 뒤에 놓여〉 도대체

What on earth do you mean?
도대체 어쩔 셈이냐?

Who on earth are you?
도대체 너는 누구냐?

0090
participate in ~
take part in ~
join in ~ ~에 참가하다

Did the union participate in the demonstration?
조합이 데모에 참가했느냐?

Two thousand student took part in the parade.
2천 명의 학생이 행진에 참가했다.

The teacher join in the pupils' games.
그 선생님은 학생들의 게임에 참가했다.

0091
put on airs
give oneself airs 뽐내다

He put on airs with his learning.
그는 지식을 뽐내고 있다.

0092
regard A as B
look on[upon] A as B
A를 B로 간주하다[생각하다]

We regard him as a poet.
우리는 그를 시인으로 생각하고 있다.

0093
regardless of ~
irrespective of ~ ~에 관계없이, ~에도 불구하고

I shall go regardless of the weather.
나는 날씨에 관계없이 갈 것이다.

0094
resign oneself to ~
be resigned to ~ ~에 관계없이, ~에도 불구하고

He was forced to resign himself to being second best.
그는 2위에 만족해야만 했다.

0095
ring A up ~
call A up ~ A에게 전화하다

I will ask him to ring you up.
〖영〗 그에게 너한테 전화하라고 전할게.

Please call me up as soon as you arrive there.
〖미〗 당신이 그곳에 도착하는 대로 나에게 전화하시오.

0096
so far ~
up to now
till now 지금[이 점]까지는

So far, no survivors have been found.
지금까지, 생존자는 발견되지 않았다.

0097
speaking of ~
talking of ~
~으로 말하자면 이야기가 나왔으니 말인데

Speaking of baseball, which team do you think will win the pennant?
야구 얘기가 나왔으니 말인데, 어느 팀이 우승할 것이라고 생각하니?

Talking of Mt. Sorak, have you ever been there?
설악산 이야기가 났으니 말인데, 거기 가본 적이 있느냐?

0098
take after ~
bear resemblance to ~
~을 닮다 (=resemble)

I don't think she takes after her mother.
나는 그녀가 어머니를 닮았다고 생각하지 않는다.
He bears a much resemblance to his father.
그는 아버지를 쏙 빼닮았다.

0099
take the place of ~
take one's place   ~을 대신하다 (=replace)

Television has almost taken the place of the theater.
텔레비전이 연극 무대를 거의 빼앗았다 [대신했다].
Who will take Mr. White's place?
누가 화이트 씨 대리가 될 것인가?

0100
take to one's heels
take to flight   도망가다 (=run away)

The burglar took to his heels at once.
도둑은 즉시 도망쳤다.

0101
take trouble
take pains 수고하다, 애쓰다

I took trouble to make this bean paste soup.
나는 이 된장국을 만드는 데에 힘들었다.
He took pains in educating children.
그는 자식들 교육에 애썼다.

> pain은 고통의 의미이지만, 복수가 되면 애씀, 수고의 뜻이 된다.

0102
the one A, the other B / that A this B
the former A the latter B
the first A the second B 전자 A는, 후자 B는

Diligence and idleness are opposites.
The one (=diligence) leads to success and the other (=idleness) to failure.
근면과 나태는 상반하는 것이다. 전자(=근면)는 성공으로 이끌고 후자(=나태)는 실패로 이끈다.
Winter and summer come to all : this (=summer) with its flowers and that (=winter) with its snow.
겨울과 여름은 누구한테나 온다. 후자는 꽃과 함께, 전자는 눈과 함께 온다.

0103
to no purpose
in vain 헛되이

He tried in vain to solve the problem.
그는 그 문제를 해결하고자 애썼지만 허사였다.

0104
The lot falls to A to B
It falls to one's lot to B
제비뽑기로 A가 B하기로 되다 A가 B할 운명이 되다

The lot fell to me to carry the message.
그 소식을 전할 역할이 추첨으로 내가 뽑혔다.

It fell to his lot to save the country.
그가 나라를 구할 운명이 되었다.

0105
to make matters worse
what is worse 설상가상으로

It was getting dark, and what was worse, it began to rain heavily.
점점 어두워졌다. 설상가상으로 심하게 비가 내리기 시작했다.

Her mother died, and to make matters worse, her father fell ill.
그녀의 어머니는 죽었다, 그리고 설상가상으로 아버지도 병에 들었다.

> ❍ 다음의 독립부정사도 함께 암기해 두자.
> **to be exact** 정확히 말하면 / **strange to say** 이상한 이야기지만
> **to do one's best** 최선을 다해도 / **to do~ justice** ~을 공평히 말하자면
> **to make a long story short** 간단히 말하면

0106
turn on ~
switch on ~ ~을 켜다

Please turn on the television.
텔레비전을 켜 주시오.

0107
to a certain extent
to a degree
to some degree
to some extent 어느 정도까지는

I suppose the rumor is true to a certain extent.
나는 그 소문이 어느 정도 사실이라고 생각한다.

> in a degree 조금은과 구별할 것

0108
what is called
so called
what we [you, they] call 소위, 이른바

He is what is called a young prince.
그는 소위 귀공자이다.

Grace married a duke. She is what we [you, they] call a "Cinderella".
그레이스는 공작과 결혼했다. 그녀야말로 소위 '신데렐라'다.

영어 5형식을 제대로 알자

제1형식

1형식 문장은 주어+자동사(완전 자동사)를 기본 어순으로 하는 문장이다. 여기서 자동사란 동사가 주어의 동작이나 상태를 온전하게 나타내므로 목적어나 보어가 필요 없는 동사를 말한다.

The snow stopped. 눈이 멈추었다.

제2형식

2형식 문장은 주어+동사(불완전자동사)+보어를 기본 어순으로 하는 문장이다.
여기서 불완전자동사란 1형식에서 쓰인 완전 자동사와 달리 주어의 동작이나 상태를 수식해 주는 보어를 필요로 하는 동사를 말한다.

The game was exciting. 게임은 흥미진진했다.

제3형식

3형식 문장은 주어+완전타동사+목적어를 기본 어순으로 하는 문장이다. 여기서 완전타동사란 주어가 나타내는 동작의 대상물, 즉 목적어를 필요로 하는 동사를 말한다.

He likes baseball. 그는 야구를 좋아한다.

제4형식

4형식 문장은 주어+동사+간접목적어+직접목적어를 기본 어순으로 하는 문장이다. 동사는 완전타동사 중 수여동사가 사용된다. 수여동사란 두 개의 목적어를 취하는 타동사로, 주어는(~은) 간접목어(~에게) 직접목적어를(~을) 동사(해주었다)의 형태로 해석된다.

My husband brought me a present. 남편은 나에게 선물을 주었다.

제5형식

5형식 문장은 주어+불완전타동사+목적어+목적어보어의 어순으로 구성된 문장이다. 동사는 불완전타동사가 사용된다. 불완전타동사란 목적어를 수식하는 목적격 보어를 필요로 하는 동사로 우리가 '사역동사', '지각동사'라고 부르는 동사가 5형식 문장에 사용된다.

We elected him president. 우리는 그를 대통령으로 뽑았다.

UNIT 010 다른 뜻을 지닌 영어표현

서로 반대의 뜻을 가진 표현도 많이 있습니다. 이런 것들도 짝지어서 암기하면 기억이 오래 가고, 능률적입니다. 반대의 뜻을 나타내는 것에는 기간어가 다른 것(예: have a good time 즐거운 시간을 보내다, have a hard time 어려움을 겪다)도 있고, 전치사 등이 달라지는 것도 있습니다.

0001

absence of mind 부주의함, 방심
presence of mind 냉정함, 침착

His absence of mind led to a serious traffic accident.
그의 부주의가 중대한 교통사고를 불러왔다.

But for her presence of mind, she would have been drowned.
그녀가 침착하지 않았다면, 익사했을 것이다.

0002

at (the) most 기껏해야, 많아야
at (the) least 적어도

I can pay you five dollars at the most.
나는 기껏해야 5달러 밖에 지불할 수 없다.

At least one thousand students attended the teach-in.
적어도 1,000명의 학생들이 '티치인'에 출석했다.

0003
be aware of ~ ~을 알아차리다(=know about)
be unaware of ~ ~을 알아차리지 못하다

I was not aware (of) how deeply she loved me.
나는 그녀가 얼마나 나를 깊이 사랑하는지 알아차리지 못했다.

He was unaware of the matter.
그는 그 일을 눈치 채지 못했다.

0004
be conscious of ~ ~을 의식하다
be unconscious of ~ ~을 의식하지 않다

She is conscious of being stared at by everyone present.
그녀는 현재 있는 사람들이 바라보고 있다는 것을 의식하고 있다.

0005
be dependent on [upon] ~ ~에 의존해 있다
be independent of ~ ~로부터 독립해 있다

She is no longer dependent on her parents for her living.
그녀는 이미 생계를 부모에게 의존하고 있지 않다.

At that time Mexico was not yet independent of Spain.
당시 멕시코는 스페인으로부터 아직 독립해 있지 않았다.

0006

be for ~ ~에 찬성하다
be against ~ ~에 반대하다

Are you for his proposal to form a new company?
너는 새 회사 설립에 대한 그의 제안에 찬성하느냐?

I am against his crossing the Pacific alone in a yacht.
나는 그가 요트로 태평양 단독 횡단하는 것을 반대한다.

> ⊙ 여기의 for나 against에는 찬성하여, 반대하여의 뜻이 있다.
> There was no argument for or against the proposal.
> 그 제안에 찬성론도 반대론도 없었다.

0007

be in high spirits 원기가 있다
be in low spirits 원기가 없다

The section chief is[looks] in high spirits today.
과장은 오늘 기분이 좋다.

He drank to much last night, and is now in low spirits.
그는 어젯밤에 술을 너무 마셔, 지금 원기가 없다.

0008

be no match for ~ 도저히 ~와 상대가 안 되다
be a match for ~ 적수가 되다, 필적하다

I'm no match for you in swimming.
나는 도저히 수영에서 너의 상대가 안 된다(너를 당할 수 없다).

I'm a match for you in swimming.
수영에서는 너에게 지지 않는다.

0009
be senior to ~ ~보다 연상이다
be junior to ~ ~보다 연하이다

I am senior to her by five years.
나는 그녀보다 5살 연상이다.

She is five years junior to me.
그녀는 나보다 5살 연하이다.

> 「~보다」를 than으로 하지 않고, to로 하는 것에 주의. to는 전치사

0010
be superior to ~ ~보다 뛰어나다
be inferior to ~ ~보다 열등하다

She is much superior to me in English.
그녀는 영어가 나보다 훨씬 뛰어나다.

She is inferior to me in mathematics.
그녀는 수학이 나보다 뒤떨어진다.

0011
be well off 유복하다
be badly off 궁핍하다

He is better off now than before.
그는 전보다 지금이 훨씬 유복하다.

The Smiths are badly off this year.
스미스가는 금년에 생활이 궁색하다.

> better off는 well off의 비교급

299

0012
by accident 우연히
on purpose 고의로, 일부러

I heard by accident that you were present at the party.
네가 그 파티에 참석했다는 것을 우연히 들었다.

It looked like an accident, but he actually did it on purpose.
그것은 우연인 것처럼 보이지만, 사실 그는 고의로 했다.

He hurt her feelings on purpose.
그는 일부러 그녀의 기분을 상하게 했다.

> by accident의 동의표현 : by chance 우연히

0013
do ~ good ~에게 소용이 되다
do ~ harm ~에게 해가 되다

Do you think it will do any good?
너는 그것이 소용되리라고 생각하느냐?

The draught has done great harm to the crops.
가뭄이 농작물에 큰 피해를 입혔다.

> good과 harm은 명사임에 주의
> do no harm ~에게 해가 되지 않다

0014
gain weight 체중이 늘다
lose weight 체중이 줄다

She recovered from her illness, and began to gain weight.
그녀는 병이 낫고 나서 체중이 늘기 시작했다.

I usually lose weight in summer.
나는 여름에 늘 체중이 준다.

0015
get nowhere 성과가 없다, 잘 안 되다
get somewhere 성공하다, 성과가 오르다

We're getting nowhere with these problems.
우리는 이 문제들에 성과를 올리지 못하고 있다.

You will get somwhere in life if you work harder.
더 열심히 일한다면 너는 성공할 것이다.

> **get anywhere**는 의문문이나 부정문에서 다소라도 성공하다, 성과가 오르다의 뜻.
> The negotiations didn't **get anywhere**. 그 협상은 잘 되진 않았다.

0016
get on ~ ~에 타다
get off 내리다

The bus arrived and we got on.
버스가 왔으므로 우리는 탔다.

At what station do you usually get off the subway?
보통 어느 역에서 지하철을 내리느냐?

0017
get[stand] in the[one's] way ~를 방해하다
get out of the[one's] way 방해하지 않다

You are always getting in my way.
너는 늘 나를 방해하고 있다

They want me to get out of their way.
그들은 내가 방해하지 않기를 바란다.

0018
hang on ~ (잠시) 기다리다(= hold on)
hang up ~ 전화를 끊다

Hang on, please.
『영』전화 끊지 말고 기다려 주세요.

Please hang up the phone and wait.
전화를 끊고 기다려 주세요.

Don't hang up yet, please.
아직 전화를 끊지 마세요.

0019
have a good time[of it] 즐겁게 시간을 보내다
have a hard time[of it] 어려움을 겪다

Did you have a good time at the party?
파티는 재미있었니?

If you are idle, you will have a hard time[of it].
게으르면 너는 어려움을 겪을 것이다.

0020

have something to do with ~
~와 관계가 있다

have nothing to do with ~
~와 관계가 없다

His failure seems to have something to do with his character.
그가 실패하는 것은 그의 성격과 관계가 있는 것 같다.

I have nothing to do with the affair.
나는 그 사건과 관계가 없다.

> ◐ 의문문에서는 have anything to do with~
> 부정문에서는 do not have anything to do with~나 have nothing to do with~를 쓴다.
> have **much** to do with ~과 크게 관계가 있다
> have **little** to do with ~와 거의 관계가 없다

0021

in fashion 유행하는
out of fashion 유행에 뒤떨어진

This style of hat is now in fashion.
이런 모양의 모자가 지금 유행이다.

Your dress is already out of fashion.
너의 옷은 이미 유행에 뒤떨어져 있다.

0022
in order 정돈된[되어], 질서있는[게]
out of order ❶ 고장 난 ❷ 무질서한[하게]

My sister always keeps things in good order.
나의 여동생은 늘 물건을 잘 정돈해 둔다.
❶ My watch is out of order, and doesn't keep good time.
내 시계는 고장이 나서 올바른 시간을 가리키지 못한다.
❷ The books on the bookshelf are out of order.
책장 위의 책은 어지럽혀져 있다.

0023
in public 공공연하게
in private 남몰래, 은밀히

He denounced the government's policy in public.
그는 공공연히 정부의 정책을 비난했다.
The matter is very delicate, and I should like to discuss it with you in private.
그 문제는 매우 미묘하니, 너와 은밀히 토의하고 싶다.

0024
in sight 보여, 보이는 거리에
out of sight 보이지 않게 되어

The mountain is still in sight.
산이 아직 보이고 있다.
The ship was already out of sight.
그 배는 이미 보이지 않았다
The steamer went out of sight beyond the horizon.
그 기선은 수평선 너머로 사라졌다.

0025
in the right 올바른
in the wrong 틀린

Which is in the right, your opinion or mine?
네 의견과 내 의견 중, 누가 옳을까?

You are in the wrong.
너는 틀리다.

> in the를 생략한 right[wrong]만으로도 같은 의미를 나타낸다.

0026
in those days 그 당시
these days 최근, 요즘

In those days there used to be an old pine tree here.
그 당시 이곳에 오래된 소나무가 있었다.

I'm interested in chess these days.
나는 요즘 체스에 흥미가 있다.

0027
keep one's temper 화를 참다
lose one's temper 화를 내다

I kept my temper only with the greatest difficulty.
나는 꾹꾹 화를 참았다.

She managed to keep her temper at his insult.
그녀는 그의 모욕에 대해 어떻게든 화를 참았다.

He lost his temper.
그는 화를 냈다.

0028
look down upon [on] ~ ~을 경멸하다, 깔보다
look up to ~ ~을 존경하다

We must not look down upon a man because he is poor.
가난하다고 해서 사람을 경멸해서는 안 된다.
They looked up to him as their leader.
그들은 그를 지도자로서 존경했다.

> ○ look up to 올려다보다 / look down (up)on 내려다보다

0029
make much of ~ ~을 중시하다
make nothing of ~ ~을 경시하다

They made much of the visitor.
그들은 손님을 중히 여겼다.
He make nothing of getting up early in the morning.
그는 아침 일찍 일어나는 것을 대수롭지 않게 생각한다.

> ○ ~을 경시하다에는 make little of~, think little of, ~make light of~ 등이 있다.
> Don't make little of that man.
> 저 남자를 만만하게 보지 마라.
> We must not make light of a man because he is poor.
> 가난하다고 해서 사람을 깔봐서는 안 된다.

0030

none the
비교급 for ~ ~하는데 그만큼 …하지는 않다

none the worse for ~ 역시, 그럼에도 불구하고

I am none the better for taking this medicine.
이 약을 먹는데 조금도 좋아지지 않는다.

He seems (to be) none the happier for his great wealth.
그는 부자인데도 행복하지 않은 것 같다.

Everybody likes Ted none the worse for his faults.
테드는 결점이 있지만, 그럼에도 불구하고 모두가 좋아한다.

0031

on (one's) guard 경계하여
off (one's) guard 방심하여

I advise you to be on your guard against that man.
그 남자에게 방심하지 않기를 너에게 충고한다.

The police caught the radicals off their guard in their hide-out.
경찰은 그 과격파들의 허를 찌르고 아지트를 급습했다.

0032

on duty 당번인, 근무 중인
off duty 비번의

We can't smoke while we are on duty.
근무 중에는 담배를 피울 수 없다.

I am off duty tonight.
나는 오늘 밤 비번이다.

0033
on the air 방송 중에, 방송되어, 방송 중
off the air 방송을 중단하고, 방송되지 않고

This drama will be on the air tomorrow.
이 드라마는 내일 방송 될 것이다.
This station goes off the air at midnight.
이 방송국은 밤 12시에 방송을 마친다.

- on air(방송 중)는 잘못된 표현임

0034
on the increase 증가 중에, 점차 늘어
on the decrease 감소 중에, 점차 줄어

The population of this city is on the increase.
이 도시의 인구는 증가 중이다.
Travel by train has been on the decrease.
열차 여행은 점차 줄어들고 있었다.

- on the fall 하강 중에

0035
on the right side of ~ ~을 넘지 않는, ~보다 젊은
on the wrong side of ~ ~을 넘은

She is still on the right side of thirty.
그녀는 아직 30이 넘지 않는다.
She is on the wrong side of thirty.
그녀는 30이 넘었다.

0036

only too 대단히
none too 조금도 ~하지 않다

I am only too glad to hear it.
그 말을 들으니 더없이 기쁘다.
I shall be only too glad to come.
나는 더할 나위 없이 기뻐서 갈 것이다.
The party was none too pleasant, and I left it halfway.
그 파티는 조금도 즐겁지 않아서, 나는 중도에 떠났다.

0037

out of date 구식의, 낡은
up to date 최신의

This sort of skirt is getting out of date.
이런 종류의 스커트는 구식이다.
His car is up to date. 그의 차는 최신형이다.

> **out of date**에는 기한이 지난의 뜻도 있다.
> This passport is **out of date** and you can't use it.
> 이 여권은 기한이 지나서, 사용할 수 없다.

0038

persuade A into ⋯ing
A를 설득하여 ⋯하게 하다
persuade A out of ⋯
A를 설득하여 ⋯하지 않게 하다

She was persuaded into attending the conference.
그녀는 설득당해서 회의에 나갔다.
I must persuade him out of his foolishness.
나는 그에게 바보짓을 하지 않게 해야 한다.

0039
see little of ~ 거의 만나지 않다
see much of ~ 자주 만나다

I have seen little of him lately.
나는 최근에 그를 거의 만나지 않았다.
I have seen much of him this month.
나는 그를 이 달에 자주 만났다.

> see nothing of 전혀 만나지 않다
> see something of 가끔 만나다

0040
succeed in ~ ~에 성공하다
fail in ~ ~에 실패하다

He failed in his studies, but succeeded in his business.
그는 학업에 실패했지만, 사업에는 성공했다.

> succeed to ~을 계승하다와 fail to do ~할 수 없다와 구별할 것

0041
speak ill of ~ ~를 험담하다
speak well of ~ ~를 칭찬하다

I was brought up never to speak ill of others.
나는 타인의 험담을 절대 하지 말라는 말을 들으며 자랐다.
Everybody speaks well of him.
모두 그를 칭찬한다.

> 수동태가 되면 be well[ill] spoken of의 어순이 되는 것에 주의

0042
the former 전자
the latter 후자

Music and fine art are optional subjects at this school, and I prefer the former.
우리 학교에서는 음악과 미술이 선택 과목인데, 나는 전자(=음악)를 더 좋아한다.

Canada and the United States are in North America; the former lies north of the latter.
캐나다와 미국은 북미주에 있다. 전자(=캐나다)는 후자(=미국)의 북쪽에 있다.

0043
take apart 분해하다
put together 조립하다

It's rather easy to take a machine apart, but much more difficult to put them together again.
기계를 분해하기는 오히려 간단하지만, 그것을 다시 조립하는 것은 훨씬 어렵다.

0044
too A to B 너무 A하므로 B할 수 없다
too A not to B 너무 A이기 때문에 B를 못할 리가 없다

He is too wise not to understand her motives.
= He is so wise that he cannot but understand her motives.
그는 그녀의 동기를 이해하지 못할 만큼 바보는 아니다(현명하므로 동기를 모를 리 없다)

0045
what is better 더욱 좋게도
what is worse 더욱 나쁘게도

He is a good scholar, and what is better, a good teacher.
그는 학식이 있는데다가, 더욱 좋은 것은, 잘 가르친다.

He is an idle fellow, and what is worse, he has taken to gambling recently.
그는 게으름뱅이에다가, 설상가상으로, 요즘 도박까지 했다.

0046
with ease 쉽게, 간단히(=easily)
with difficulty 간신히
without difficulty(=with no difficulty)
어려움 없이

He did it with ease.
그는 그것을 간단히 해냈다.

It was only with difficulty that he passed the exam.
그는 간신히 시험에 합격했다.

He mastered Korean without much difficulty.
그는 한국어를 큰 어려움 없이 익혔다.

알아두면 좋은 영어속담

An early bird catches the worm. 일찍 일어나는 새가 벌레를 잡는다.
An eye for an eye. 눈에는 눈.
Art is long, life is short. 예술은 길고 인생은 짧다.
A sound mind in a sound body. 건전한 정신은 건강한 육체에 깃든다.
Blood is thicker than water. 피는 물보다 진하다.
Don't cry over spilt milk. 엎질러진 물이다.(후회해도 소용없다.)
Easier said than done. 말하기는 쉬워도 실행하기는 어렵다.
Good advice is harsh to the ear. 좋은 충고는 귀에 거슬린다.
Good words cost nothing. 말 한 마디에 천냥 빚도 갚는다.
Honesty is the best policy. 정직이 최선의 방책이다.
Knowledge is power. 지식은 힘이다.
Never too old to learn. 배움에는 나이가 많다는 법은 없다.
No labor, no bread. 일하지 않으면 먹지 말라.
No news is good news. 무소식이 희소식.
No pains, no gains. 고통 없이는 얻는 것도 없다.
Rome was not built in a day. 로마는 하루 아침에 이루어지지 않았다.
Time and tide wait for no man. 세월은 사람을 기다려 주지 않는다.
Tomorrow is a new day. 내일은 내일의 해가 뜬다.
Well begun is half done. 시작이 반이다.
Where there is a will, there is a way. 뜻이 있는 곳에 길이 있다.
You reap what you sow. 뿌린 대로 거둔다.
Everything comes to those who wait.
기다리는 자에게는 때가 온다.
Heaven helps those who help themselves.
하늘은 스스로 돕는 자를 돕는다.

다시 한번 더 check 하기

A 보기의 표현들을 활용하여 아래 문장을 완성하시오.

| make it a rule to | do without | by accident |
| major in | in those days | depend on |

1 I want to _____ American history.
나는 미국 역사를 전공하고 싶다.

2 I heard _____ that you were present at the party.
네가 파티에 참석했다는 것을 우연히 들었다.

3 _____ there used to be an old pine tree here.
그 당시 이곳에 오래된 소나무가 있었다.

4 We all _____ many people for our happiness.
우리는 모두 행복을 위해 많은 사람들에게 의지한다.

5 I _____ get up at six in the morning.
나는 아침 6시에 일어나는 게 예사이다.

6 I cannot _____ this dictionary even a day.
나는 하루도 이 사전 없이 지낼 수 없다.

B 다음 영어표현의 반대의 의미를 가진 표현을 쓰시오.

1 너의 옷은 이미 유행에 뒤떨어져 있다.
Your dress is already out of fashion. → _____

2 나는 여름에는 늘 체중이 준다.
I usually lose weight in summer. → _____

3 그는 공공연히 정부의 정책을 비난했다.
He denounced the government's policy in public.
→ _____

4 그 배는 이미 보이지 않았다.
The ship was already out of sight. → _____

C 다음 영어표현과 같은 표현끼리 서로 연결하시오.

1 to make matters worse　·　　　·　lose one's way
2 take after~　　　　　　　·　　　·　kill oneself
3 get lost　　　　　　　　·　　　·　free of charge
4 in effect　　　　　　　　·　　　·　in substance
5 for nothing　　　　　　　·　　　·　what is worse
6 commit suicide　　　　　·　　　·　bear resemblance to

Answer 355p

쉬어가는 코너
영어 퍼즐로 단어 쉽게 익히기 05

Answer 352p

가로열쇠

① 해, 연(年). every _____ 매년
⑤ 유리, 유리잔. _____ es 안경
⑥ 확실한, 틀림없이, 꼭
　It's _____. 확실하다, make _____ 확인하다
⑧ _____ = OK. 좋아, 괜찮아
　That's _____. 괜찮습니다, 됐습니다
⑨ 동쪽의, 동쪽
⑩ 11, 열하나의
⑬ 문. open the _____ 문 열어라, out _____ 야외
⑮ 마른, 말리다
　_____ ice 드라이아이스, _____ ly 냉담하게, 쌀쌀하게

세로열쇠

① 어제. 비틀스의 노래로 유명한 곡 이름
② 공기, 하늘. _____ plane 비행기
③ 뒤, 뒤로, 뒤의
　_____ ground 뒷배경,
　_____ to _____ 등을 맞대고
④ ~ 있다, ~이다, 3인칭 주어 다음에 오는 be동사이다
⑦ 들어가다, 입학하다
　_____ into A A에 들어가다
⑧ 하나. _____ by _____ 하나씩, 한 사람씩
⑪ 매우, 대단히
　_____ good 매우 좋다, _____ much 굉장히, 매우
⑫ 좋은, 괜찮은. very _____ 매우 좋다
⑭ 늙은, 오래된(↔new), 나이든(↔young)

UNIT 011 상관어구와 성구의 영어표현

먼저 '상관어구'란 간단히 말해서 '서로 관계되는 어구'입니다. 여기에는 반드시 비교되는 것이 두 가지 있게 마련입니다. 또 '성구'는 「하나의 뭉뚱그려진 뜻을 나타낸 표현, 예로부터 내려오는 관용구」를 말합니다. 이런 상관어구나 성구는 숙어적으로 해석하지 않으면 치명상을 입을 위험성이 있습니다. 여기서는 어느 것 못지않게 중요한 표현을 모았습니다.

0001 A is to B what [as] C is to D

A와 B의 관계는 C와 D의 관계와 같다

Reading is to the mind what[as] food is to the body.
독서와 정신의 관계는 음식과 신체의 관계와 같다.

Leaves are to the plant what lungs are to the animal.
잎과 식물의 관계는 폐와 동물의 관계와 같다.

0002 a marvel of ~

훌륭한[놀랄만한] ~을 가진 사람[사물]

She is a marvel of patience.
그녀는 놀랄만한 인내력이 있다.

0003 alike A and B A하기도 하고, B하기도

The book is alike agreeable and instructive.
그 책은 유쾌하기도 하고 유익하기도 하다.

0004 All the best!
잘 있어!, 행운을 빌어!

0005 as A, so B A인 것처럼 B이다

As the lion is the king of beasts, **so** the eagle is the king of birds.
사자가 백수의 왕이듯, 독수리는 백조의 왕이다.

0006 as is often the case with ~
~에게 흔히 있는 일이지만

As is often the case with Americans, he does not care for raw fish.
미국인에게 흔히 있는 일이지만, 그는 날 생선을 좋아하지 않는다.

> ● 여기의 as는 일종의 관계대명사이며, the case는 사정, 사실의 뜻.

0007 can't A without B A하면 반드시 B 하다

I **can't** see you **without** being reminded of your dead mother.
너를 보면, 반드시 돌아가신 네 어머니가 생각난다.

> ● **Whenever** I see you, I am reminded of your dead mother. 처럼 whenever를 써서 바꿔 쓸 수 있는데, 이 경우에 I am **always** remind ~처럼 always를 끼워 넣는 것이 좋다.

319

0008 can't help it 어쩔 수 없다

Now that the commander has been killed, our defeat is certain. It can't be helped.
사령관이 전사한 지금으로써는, 우리 군의 패배는 확실하다. 어쩔 도리가 없다.

> 여기서의 help는 피하다(=avoid)의 뜻

0009 depend upon it 틀림없이

She will come back to you, depend upon it.
그녀는 틀림없이 너한테 돌아올 거야.

0010 Do you mind ~ing?
~해 주시겠습니까?

Do you mind my shutting the window?
창문을 닫아도 괜찮겠습니까?

> 여기의 mind는 싫어하다, 귀찮게 여기다의 뜻

0011 have seen better days 한창때가 있었다

The beggar has seen better days.
그 거지는 옛날에 한창때가 있었다.

0012 Here you are.
자, 받으십시오; 네, 여기 있습니다.

"May I see that tie?"
"Just a moment ... Here you are."
"저 넥타이 좀 보여 주세요." "잠깐만요. 여기 있습니다."
〈상대에 중점이 놓일 때〉

> ● **Here it is.** 찾는 물건이나 대금 등, 건네는 물건에 중점이 놓일 때와 같은 뜻.
> "I can't find my glasses." "**Here it is.**"
> "내 안경이 어디 있는지 안 보이네." "여기 있어."

0013 Here we are (at ~) ~에 도착했다

Here we are at the station.
자, 역에 다 왔다[도착했다].

0014 How about ~? ~은 어떤가?, ~하지 않겠어?

How about going for a walk?
산책하러 가지 않을래?

> ● **What do you say to~?** ~은 어떤가?와 같은 표현. 영국에서는 What about ~ing?의 표현을 쓴다.

321

0015 How I wish ~ ~이면 좋을 텐데

How I wish there were no entrance examinations.
입학시험 같은 거 없으면 좋을 텐데.

0016 I'll tell you what ~ 저어 …, 그게 …

I'll tell you what, she wrote a love letter to him first.
그게 말이죠, 그녀 쪽에서 먼저 그에게 연애편지를 썼어요.

0017 I'm afraid not ~ ~하지 않을 것 같다

"Will you be able to come?"
"I'm afraid not." (= I'm afraid I will not be able to come.
"올 수 있지?" "못 갈 것 같다."

0018 I dare say 아마도 ~일 것이다 (= probably)

I dare say he is well over forty.
아마 그는 40이 넘었을 거야.

> 뒤에 절이 오더라도 that은 생략된다. 한편, 문미에 붙이는 경우도 있다.

0019 If it had not been for ~   ~이 없었다면

If it had not been for your help, I would have failed.
너의 도움이 없었다면, 나는 실패했을 것이다.   * 가정법 과거완료

0020 If it were not for ~

~이 없다면(= Without, But for ~)

If it were not for water, we could not live.
물이 없다면 살 수 없다.   * 가정법 과거

0021 It's all over[up] with ~

~은 끝장났다(-finished)

It's all over with poor Tom.
불쌍하게도 탐은 끝장났다.

It's all over with him.
그는 끝장이다.

0022 it follows that ~   (당연한 결과로) ~이 되다

From this evidence it follows (that) he is not the murderer.
이 증거로 그는 당연히 살인범이 아니라는 것이 된다.

0023 It is for A to B
A는 B해야 한다, A가 B하는 것이 적당하다

It is for you to apologize to him.
네가 그에게 사과해야 한다.

> ○ 이 구문은, It is impossible for you to finish the work in a week. 네가 일주일에 이 일을 끝마치는 것은 불가능하다의 It is - for ~ to … 구문과 근본적으로 다른 것에 주의.

0024 It is in A as in B
= It is with A as with B
A는 B와 같은 것이다

It is in studying as in eating; he who does it gets the benefits, and not he who sees it done.
공부는 식사와 같은 것이다. 하는 사람이 이득을 보고, 보기만 하면 이득이 없다.

0025 It is not for A to B
A가 B하는 것은 과분하다

It is not for us to live in such a fine house.
우리가 그렇게 훌륭한 집에서 사는 것은 과분하다.

0026 It is not till[until] A that B
A하고 비로소 B하다

I was not until I met him that I learned the truth.
나는 그를 만나고 비로소 진실을 알았다.

0027 It is not too much to say that ~
~라고 말해도 과언이 아니다

It is not too much to say that time once lost can never be recovered.
일단 잃은 시간은 되찾을 수 없다고 말해도 과언이 아니다.

0028 it is true that ~, but … ~은 사실이지만, …

It is true that she knows a lot about cooking, but she is not much of a cook.
그녀는 요리에 관해 많이 알지만, 요리 솜씨는 별로다.

0029 It pays to ~ 수지맞다, (애쓴) 보람이 있다

It pays to advertise. 광고하면 그만한 것은 있다.
It always pays to buy things of good quality.
좋은 품질의 물건을 사면 늘 손해는 없다.

> ○ pay는 때때로 부사구를 수반하여 위와 같은 의미를 가진다. it은 to 이하를 받는 형식주어임

0030 It stands to reason that ~
~은 당연하다, 이치에 맞다

It stands to reason that such poor planning will lead to failure.
그와 같이 형편없는 계획이 실패할 것은 당연하다.

0031 It will not be long before ~
머지않아 ~할 것이다

It will not be long before he get well.
머지않아 그는 좋아질 것이다.

0032 let's see 그런데, 뭐랄까, 글쎄 (= let me see)

"How many members were present at the meeting?"
"Let's see. There were about ten."
"회의에 몇 명이나 참석했느냐?" "에에, 열 명쯤이었어."

0033 May I ask a favor of you?
부탁이 있는데요.

"May I ask a favor of you?"
"Sure, go ahead and tell me what it is."
"부탁이 있는데요." "예, 말씀하시죠. 무슨 부탁이신가요?"

0034 mind (you) 알겠니?, 잘 들어

I'll lend you the money, but mind you, this the last time.
그 돈은 빌려주지만, 잘 들어, 이게 마지막이야.

0035 no A but B

B하지 않는 A는 없다

There is no one but loves his own country.
자기 나라를 사랑하지 않는 사람은 없다.

> ○ but은 그 앞에 부정어가 있는 경우에 관계대명사로 쓰이는 경우가 있다. 위의 예문에서 but은 that [who] ~not의 뜻.

0036 no ··· so A ~ but B

B하지 않을 만큼 그렇게 A한 것은 없다

Nothing is so hard but it becomes easy by practice.
어떤 것이든 연습으로써 쉽게 되지 않을 만큼 그만큼 어렵지는 않다 → 어떤 것이든 연습하면 반드시 쉬워진다.

> ○ 이 경우의 but은 that~not과 같아서, Nothing is so hard **that** it does **not** become easy by practice로 바꿔 쓸 수 있다.

0037 no less A than B

B만큼 A이다, B 못지않다(=as A as B)

Helen is no less charming than Jane.
헬렌은 제인만큼 매력적이다.

> no less A than B = not less A than B
> He is **not less** bright **than** his brother. 그는 형 못지않게 머리가 좋다.

0038 no more A than B

B가 ~아닌 것처럼 A도 ~아니다

I am no more excited than you are.
= I am not any more excited than you are.
너도 그러하겠지만 나도 흥분하지 않는다.

0039 not A until B B가 되어 비로소 A하다

I could not realize what my father said until I became a man.
나는 어른이 되어 비로소 아버지가 말씀하신 것을 알았다.

0040 not quite ~ 전적으로 ~인 것은 아니다

He talks so fast that I can't quite understand him.
그는 매우 빨리 말하므로 말을 잘 알아들을 수는 없다.
She is not quite so tall as he.
그녀는 그만큼 키가 큰 것은 아니다(=그보다 좀 작다).

0041 not so much A as B

A라기보다 오히려 B이다

John is not so much is a teacher as a scholar.
존은 선생님이라기보다는 학자이다.

0042 so A as to B

❶ A하게도 B하다 ❷ B할 만큼 A하다 ❸ B하도록 A하다(=so A that B)

❶ The driver was so fortunate as to escape death.
그 운전자는 운 좋게도 죽음을 면했다.

❷ I spoke so loudly as to be heard by everyone.
나는 모두가 들을 수 있을 만큼 크게 이야기했다.

❸ You should so act as to have nothing to regret.
너는 후회 없도록 행동해야 한다.

0043 So am I. 나도 그렇다(=So do I)

"I'm hungry." "So am I."
"나는 배고프다" "나도 그래"

0044 So I am[do, will] 사실[정말] 그렇다(=So I do)

You said he was a gentleman, and so he was.
너는 그가 신사라고 했는데, 정말 그랬다.

0045 so much for ~ ~은 이제 그만 하자

So much for today; good-bye, everybody!
오늘은 이만. 여러분 안녕!

So much for politics -- now let's change the topic.
정치 얘기는 그만하고, 이제 화제를 바꿉시다.

0046 so much so that ~

너무 …하므로 ~하다(= so much so as to ~)

She was very tired, **so much so that** she could not walk any farther.
그녀는 매우 피로해서 더 이상 걸을 수 없었다.

> ◐ 이 문장에서 두 번째 so는 afraid를 대신한 것임.
> He is humble, **so much so as to** seem unsociable.
> 그는 겸허하다. 너무 그래서 비사교적으로 보일 정도이다.

0047 some A, others B A가 있는가 하면, B도 있다

Some prefer the sea, **others** mountains.
바다를 좋아하는 사람이 있는가 하면, 산을 좋아하는 사람도 있다.

0048 something is the matter with ~

~의 어딘가 고장이 있다

Something is the matter with the engine.
엔진에 어딘가 고장이 있다.

0049 something like 다소 ~ 같은

The airship was shaped something like a cigar.
그 비행선은 다소 여송연 같은 모양이었다.

0050 something of a ~ 꽤, 상당한

He is something of a pianist.
그는 상당한 수준의 피아니스트이다.

> ○ much of a ~ 대단한 ~
> He's not much of a pianist. 그는 대단한 피아니스트는 아니다.

0051 such and such

❶ 이러이러한, 여차여차한 ❷ 아무개, 모~

❶ She told me that she had met such and such a man at such and such a place.
그녀는 나에게 이러이러한 장소에서 이러이러한 남자를 만났다고 말했다.

❷ We heard it from Mr. Such and such.
우리는 모씨로부터 그것을 들었다.

0052 That [It] all depends.

그건 때와 형편에 달렸다, 사정 나름이다

I may do it, but that (all) depends.
그것은 내가 해도 되지만, 그 때 사정에 달렸다.

0053 the + A 비교급, the + B 비교급
A하면 할수록 B하다

The harder you work, the more successful you will be.
더욱 열심히 일하면, 더 출세할 것이다.

> ○ The sooner, the better는 The sooner it is, the better it is.에서 it is가 생략된 문장이다.

0054 There is no ~ing = It is impossible to ~
~할 수 없다

There is no knowing[telling] what will take place.
무슨 일이 일어날지 알[말할] 수 없다.

0055 There is nothing[no help] for it but to ~
~할 수밖에 없다

With the car stolen, there was nothing for it but to walk.
자동차를 도난당해서, 걸을 수밖에 없었다.

0056 upon[on] one's word 맹세코

Upon my word I will not do it.
맹세코 나는 그것을 하지 않겠다.

0057 were it not for ~   ~이 없다면

Were it not for your help, he would fail.
너의 도움이 없다면 그는 실패할 것이다.

0058 what by A and (what by) B
A하기도 하고 B하기도 하여

What by drink and (what by) fright he did not know much about the facts.
취하기도 하고 놀라기도 해서 그는 진상을 너무 몰랐다.

0059 What is ~ like?   어떤 ~이냐?

What is she like?
그녀는 어떤 사람입니까?

0060 What has become of ~?
~은 어떻게 되었느냐?

What has become of him.
그는 어떻게 되었을까?

I wonder what has become of the poor boy.
그 불쌍한 소년은 어떻게 됐을까?

0061 What if ~ ? ❶ 하면 어쩌지? ❷ ~한들 무슨 상관인가

❶ **What if** they should come late?
만일 그들이 늦게 오면 어떡하지?

❷ **What if** there is an earthquake?
지진이 있으면 어때?

> ❶의 의미가 되는 것은 if절의 동사가 가정법인 경우이며, ❷의 의미가 되는 것은 if절의 동사가 직설법이 된다.

0062 Why don't you ~ ? 하는 게 어때?

Why don't you join us for lunch?
우리와 함께 점심을 먹는게 어때요?

0063 Would that ~ ~였으면 좋을 텐데(=How I wish~)

Would that my father were alive!
아버지가 살아계셨으면 좋을 텐데.

0064 Would you mind ~ing?
~해 주시겠습니까?

Would you mind opening the window?
창문을 열어 주시겠습니까?

UNIT 012 영작문에 잘 나오는 영어표현

'~와 결혼하다' 라든가 '~하는 버릇[습관]이 있다' 등의 표현은 영작문제에 많이 쓰이는데 marry with~, get married with~라든가, be in the habit to~ 처럼 잘못 쓰는 경우가 많습니다. 이런 잘못을 저지르지 않기 위해서 이곳의 영어표현들을 확실하게 암기해 두십시오.

0001 **a case in point** 적절한 예

Let me give you a case in point.
적절한 예를 들어 보시오.

0002 **a man of ambition** 야심가

He is a man of ambition.
그는 야심가이다.

> ○ a man of means 재산가 / a man of promise 전도유망한 사람
> a man of his words 약속을 지키는 사람 / a man of will 의지가 강한 사람
> a man of action 행동가 / a man of moods 기분파
> a man of science 과학자 / a man of character 인격자
> a man of letters 문학가

0003 **a sense of humor** 유머 감각

He has a sense of humor, and he always makes us happy.
그는 유머가 있어서, 항상 우리들을 기쁘게 해준다.

335

0004 a shortcut 지름길

There is no shortcut to mastering English.
영어를 정복하는 데에 지름길은 없다.

0005 at one's wit's[wits'] end
난처하여, 어찌할 바를 몰라서

Jane was at his wits' end about what to do.
제인은 어떻게 해야 할지 당황했다.

I was at my wit's end to find a way.
나는 길을 찾는 데에 쩔쩔매었다.

> ◎ wit's는 wits'로 해도 된다.

0006 be content(ed) with ~
~에 만족하다

Be content with a small salary for now.
지금은 봉급이 적더라도 만족하라.

> ◎ be content(ed) with 하찮더라도 만족하는 것 / be satisfied with 훌륭한 것에 적극적으로 만족하는 것

0007

be due to ~   ❶빚이 있다 ❷~의 결과이다

❶ A thousand won is due to you.
너에게 천원이 지불되어야 한다. → 너에게 천원의 빚이 있다.

Our thanks are due (to) Mr. Bush.
우리는 부시 씨에게 감사할 의무가 있다.

❷ His success was due to diligence.
그의 성공은 근면한 결과이다.

The delay of the bus was due to the traffic jam.
버스의 지연은 교통 체증 때문이었다.

0008

be grateful to A for B

B에 대해 A에게 감사하다

I am grateful to you for your kindness.
친절에 감사드립니다.

0009

be on good terms with ~

~와 친한 사이이다

I am not on good terms with her.
나는 그녀와 친한 사이가 아니다.

○ 여기의 on은, be **on** speaking terms with 말하는 사이, be **on** visiting terms with 방문하는 사이, be **on** bad terms with 나쁜 사이 등의 on의 용법과 같다.

0010

be open to ~ ~을 받기 쉽다

They were still infants, and in consequence open to injuries.
그들은 아직 유아이기 때문에 다치기 쉬웠다.

0011

be taken ill 병이 들다

He worked so hard that he was finally taken ill.
그는 너무 열심히 일해서 마침내 병이 들었다.

> 미국에서는 get sick이라고 한다. ill 보다 sick을 쓴다.

0012

come into contact (with) (~와) 접촉하다

His object of learning Japanese is to come into contact with Japanese culture.
일본어를 배우는 그의 목적은 일본 문화에 접촉하는 것에 있다.

0013

due to ~ ~ 때문에, ~으로 인하여

Due to the rain, the game was put off.
비로 인해서 그 시합은 연기되었다.

Due to the storm, we had to put off our departure.
폭풍(우) 때문에 우리는 출발을 연기해야 했다.

0014 give up for lost
잃어버린 것으로 치고 단념하다

I almost gave up the ticket for lost thinking that I must have dropped it.
나는 그 표를 떨어뜨린 것이 틀림없다 라고 생각하고, 잃어버린 것으로 치고 포기했다.

0015 had better ~하는 편이 좋다

You had better go to bed.
너는 잠자러 가는 편이 좋다.

> had better는 조동사임. 번호순으로 의미가 강해진다.
> 1. should 2. ought 3. had better 4. have[got] to 5. must

0016 had rather (어느 쪽이냐 하면) ~하는 편이 낫다

You had rather not mention them at all.
너는 그들에게 전혀 말하지 않는 편이 낫다.

0017 have one's own way 제멋대로 하다

He wants to have his own way.
그는 무엇이든 제멋대로 하고 싶어 한다.

0018 if not impossible
불가능하지는 않더라도

It is very difficult, if not impossible.
그것은 불가능하지는 않더라도 매우 어렵다.

0019 in every respect   모든 점에서(= in all respects)

He is admirable in every respect.
그는 모든 점에서 칭찬할 만하다.

0020 in one's teens   10대에[의]

She married in her teens and lost her husband in her twenties.
그녀는 10대에 결혼하고 20대에 남편을 잃었다.

> ◐ be in one's early teens 10대 초반에
> be in one's late teens 10대 후반에 / out of teens 10대가 지난

0021 It looks like ~   ~할 것 같다

It looks like rain.
비가 올 것 같다.

0022 like so many 마치 ~처럼

They were working like so many ants.
그들은 개미처럼 일하고 있었다.

0023 make a political issue of ~
~을 정치문제화 하다

They made a political issue of the scandal.
그들은 그 스캔들을 정치문제화 했다.

0024 much the same 거의 같은, 대차 없는

His condition is much the same as yesterday.
그의 상태는 어제와 거의 같다.

Human beings are, after all, much the same throughout the world.
인간은 결국 전 세계를 통하여 모두 같다.

0025 not A long before B
A하지 않아 B하다, 곧 B하다

I had not waited long before she appeared.
내가 별로 기다리지 않아 그녀가 나타났다.

It was not long before he got well.
곧 그는 좋아졌다.

0026

not (A) both B 둘 다 A 한 것은 아니다

I don't want both (the) dictionaries.
나는 이 사전 둘 다 필요한 것은 아니다.

> ○ 전체 부정 : I want neither of these hats. 이 모자는 둘 다 필요 없다.

0027

on one's back 드러누워서

He lay on his back, looking at the sky.
그는 드러누워 하늘을 바라보고 있다.

> ○ on one's face 엎드려서 / on one's belly 배를 깔고 누워
> on one's side 옆으로 누워

0028

on tiptoe 발끝으로

I walked on tiptoe up the stairs.
나는 층계를 발끝으로 걸어 올라갔다.

0029

on top of ~

~외에, ~에 더하여(=in addition to, besides)

On top of her other talents, she sings well, too.
다른 재능 이외에, 그녀는 노래도 잘한다.

0030 one of these days
가까운 장래에 (=in the near future)

Why don't you come to see me one of these days?
일간 놀러 오지 않겠니?

> in the near future와 같은 뜻이지만, one of these days가 친근한 표현

0031 one thing A, another B A와 B는 별개이다

To say is one thing, to practice another.
말하는 것과 실천하는 것은 별개이다.

It is one thing to know, and another to teach.
아는 것과 가르치는 것은 별개이다.

0032 over a cup of ~ ~을 마시면서

I feel most relaxed when I'm reading a folk tale over a cup of tea.
나는 차를 마시면서 민간 설화를 읽을 때, 가장 느긋한 기분이 든다.

0033 rather than A A하기보다 오히려 ~하다

I stayed at home rather than go out in the rain.
나는 비오는데 나가기보다 집에 있었다.

0034 **read ~ through** ~을 끝까지 읽다

It took me four days to read the book through.
그 책을 끝까지 읽는 데에 나흘이 걸렸다.

0035 **safe and sound** 무사히

They returned from their trip safe and sound.
그들은 무사히 여행에서 돌아왔다.

0036 **take it for granted that~**
~을 당연한 것으로 여기다

I took it for granted that you would go with me.
나는 당연히 네가 나와 함께 가리라고 생각했다.

0037 **the last A to[that]~**
결코 ~할 것 같지 않은 A이다

Tom would be the last man to tell a lie.
탐은 결코 거짓말을 할 사람이 아니다.

0038 The trouble is (that) 난처하게도

The trouble is that I have lost my purse on my way to school.
난처하게도 학교에 가는 도중에 지갑을 잃어 버렸다.

0039 thousands upon thousands of
수천의

Thousands upon thousands of soldiers were being sent to the front.
수천 명이나 되는 군인들이 전선으로 보내졌다.

0040 to one's relief 한시름 놓게[도]

Much to my relief my house was not flooded.
천만다행으로 우리 집은 침수되지 않았다.

> ● 일반적으로 「to one's + 감정 명사」는 ~하게도라고 번역한다.
> to one's joy 기쁘게도   to one's surprise 놀랍게도
> to one's sorrow 슬프게도   to one's disappointment 실망스럽게도
> to one's satisfaction 만족스럽게도 to one's shame 부끄럽게도
> to one's credit 명예스럽게도

0041 with pleasure 기꺼이

He did the work with pleasure.
그는 그 일을 기꺼이 했다.

다시 한번 더 check 하기

A 다음 영어표현에 맞는 우리말 해석을 서로 연결하시오.

1 had better~
2 a man of ambition
3 All the best!
4 That's to bad
5 a case in point

- 야심가
- 적절한 예
- 그거 참 안됐다.
- ~하는 편이 좋다
- 잘있어!

B 다음 영어표현에 주의하면서 우리말로 해석하시오.

1 She will come back to you, depend upon it.
___

2 He has a sense of humor, and he always makes us happy.
___

3 His success was due to diligence.
___

4 There is no shortcut to mastering English.
___

5 Do you mind my shutting the window?
___

C 다음 우리말을 영어로 작문하시오.

1 그는 그 일을 기꺼이 했다. _____

2 그들은 무사히 여행에서 돌아왔다. _____

3 적절한 예를 들어 보세요. _____

4 그의 상태는 어제와 거의 같다. _____

5 그들은 개미처럼 일하고 있었다. _____

6 비가 올 것 같다. _____

D 다음 빈칸에 알맞는 영어표현을 넣으시오.

1 헬렌은 제인만큼 매력적이다.

Helen is _____ charming _____ Jane.

2 자기 나라를 사랑하지 않는 사람은 없다.

There is _____ one _____ loves his own country.

3 그 돈은 빌려주지만, 잘들어, 이게 마지막이야

I'll lend you the money, but _____, this the last time.

4 산책하러 가지 않을래?

_____ there were no entrance examinations.

Answer 355p

쉬어가는 코너
영어 퍼즐로 단어 쉽게 익히기 06

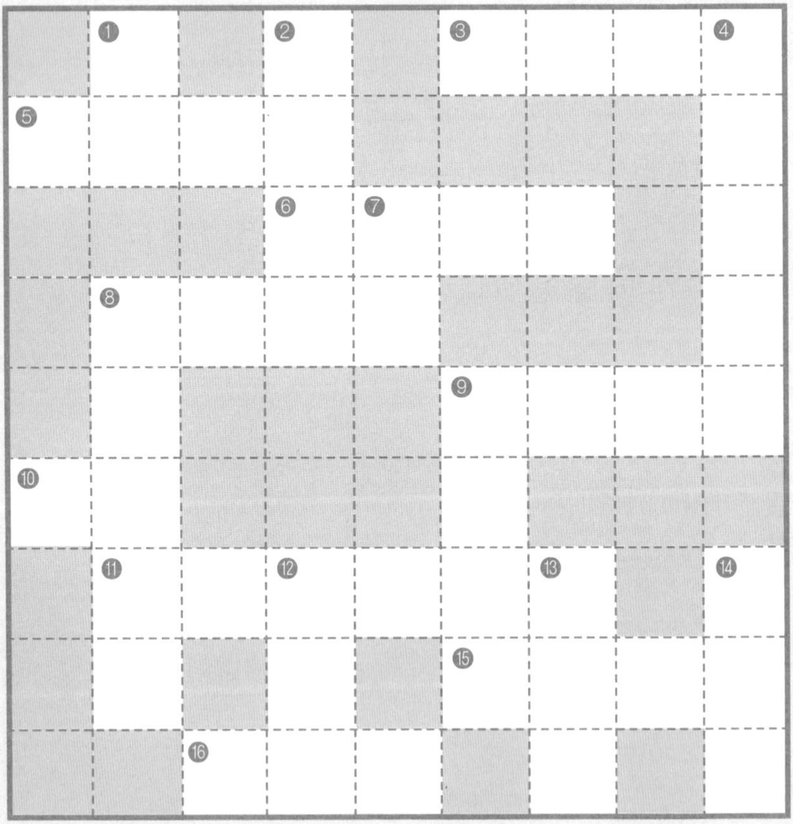

Answer 352p

가로열쇠

③ 알다. I _____ you. 나는 너를 안다
⑤ 친절한, 상냥한
　He is very _____ . 그는 매우 친절하다
　_____ of a ~종류의
⑥ 각각의, 각자의, 각각. _____ other 서로
⑧ 자리, 좌석, 의자, 앉게 하다
　take a _____ 자리에 앉다
⑨ 참가하다, 가입하다, 연결하다
⑩ 우리는, 우리. _____ are family. 우리는 가족이다
⑪ 8월
⑮ 10대의, 10대 소년 소녀. _____ager.
⑯ 더하다. _____ to 늘이다

세로열쇠

❶ 안녕, 야!
❷ 생각, 의견, 이상
　That's good _____ . 그거 좋은 생각이다
❹ 여자, 부인
❼ ~에, ~에서. not _____ all 천만에
　_____ once 곧, 즉각적으로, 동시에
❽ 말하다. _____er 연설자, 스피커
❾ ~하는 바로 그 순간에, 바른, 꼭
　_____ moment 잠깐만
⓬ 신(神)
⓭ (마시는) 차
⓮ (의문문) 얼마쯤. (긍정문) 무엇이든, 누구나
　(부정문) 조금도, 아무것도
　_____ time 어느 때나, _____ one 누구든지

Answer 01

①c	l	e	a	n		②m	a	p
a						e		
③r	④a	i	n		⑤h	e	l	⑥p
	p					t		a
	⑦r	i	s	⑧e				r
	i			⑨n	i	⑩g	h	t
⑪i	l	⑫l		j		a		
c		i		⑬o	u	t		
⑭e	m	p	t	y		⑮e	y	e

Answer 02

①c	o	②u	r	③t		④c		⑤c
l		p		⑥h	a	h		a
o				r		i		p
⑦u	m	⑧b	r	e	l	l	a	
d		u		e		d		
		y			⑨s		⑩a	
⑪o				⑫d	i	a	r	y
⑬w	o	n			z		a	
l			⑭d	i	e		b	

Answer 03

①g	②a	③r	④d	e	n		⑤a	
	p		a		⑥e	a	s	y
	p		r		e		k	
	l		⑦k	⑧i	d			
⑨b	e	e		n		⑩c	⑪a	n
o			⑫i	t			r	
⑬a	l	⑭l		⑮o	⑯r		m	
t		e			e			
		g			⑰d	i	s	h

Answer 04

①a	②b	o	③u	t		④z	⑤o	o
		o		n			p	
⑥m	y			c		⑦b	e	⑧d
a		⑨e	l	⑩s	e		⑪n	o
⑫n	o	t	e		⑬g	o		n
		c		⑭n	g		⑮m	e
⑯w			⑰s			⑱r		
⑲a	l	s	o			⑳u	s	e
y			㉑n	o	o	n		

351

Answer 05

①y	e	②a	r			③b		④i
e		i		⑤g	l	a	s	s
⑥s	u	r	⑦e			c		
t			n		⑧o	k	a	y
⑨e	a	s	t		n			
r			⑩e	l	e	⑪v	e	⑫n
⑬d	⑭o	o	r			e		i
a		l				r		c
y		⑮d	r	y		y		e

Answer 06

	①h		②i		③k	n	o	④w
⑤k	i	n	d					o
			⑥e	⑦a	c	h		m
	⑧s	e	a	t				a
	p				⑨j	o	i	n
⑩w	e				u			
	⑪a	u	⑫g	u	s	⑬t		⑭a
	k		o		⑮t	e	e	n
		⑯a	d	d		a		y

연습문제 해답

28~29p 해답

A
1 too / to   2 in order to   3 is / interested in
4 as / as possible   5 picked out   6 one another
7 speak to   8 made believe

B
1 explain   2 abandon   3 start   4 angry   5 too

C
1 나는 그가 한 말을 이해할 수 없었다.
2 저쪽에 있는 흰 건물이 보이니?
3 그들 대부분은 야영하고 있다.
4 인간은 원자력을 평화적으로 이용하지 않으면 안 된다.

160~161p 해답

A
1 enough to   2 keep early hours   3 is near at hand
4 too much for   5 help yourself to   6 look after

B
1 ~을 가지고 놀다   2 실업자가 되다   3 ~을 변명하다
4 ~에 책임이 있는   5 백해무익하다

C
1 아이들이 여름방학을 갈망하고 있다.
2 너는 아직 감기가 낫지 않았니?
3 너의 상태는 곧 호전될 것이다.
4 너는 그녀에게 너의 무례한 행동에 대해 사과해야 한다.

353

236~237p 해답

A
1 instead of   2 for lack of   3 to advantage   4 in the cause of
5 hand in hand   6 By the way

B
1 옛날 옛적에   2 반드시 ~한 것은 아니다   3 ~ 대신에, ~와 교환으로
4 도착하자마자   5 교대로   6 나란히   7 그와 반대로

C
1 충분히 먹었으므로, 더 이상 먹을 수 없다.
2 일반적으로 말해서, 한국은 기후가 온화하다.
3 탐과 제인은 첫눈에 반했다.
4 그는 업무차 뉴욕을 떠나 서울로 향했다.
5 저 물건들은 지금 판매중이다

256~257p 해답

A
1 not / because   2 the better part of   3 with the result that
4 a couple of   5 of a kind   6 as much

B
1 조금   2 만일 ~이 아니라면   3 적지 않은   4 ~ 하는 한
5 일부분   6 ~에 따라서   7 ~하는 만큼(오래)

C
1 무슨 일이 생겨도 나는 간다.
2 전시에는 한 조각의 빵이 귀중한 양식이다.
3 그는 거짓말 하는 것을 수치라고 생각하고 있다.
4 그는 어리다는 이유로 용서받았다.
5 그는 달리고 달려서, 결국 더 이상 달릴 수 없었다.
6 우리는 그가 단지 가난하다는 이유로 결혼하는 것을 거절했다.

314~315p 해답

A
1 major in   2 by accident   3 In those days
4 depend on   5 make it a rule to   6 do without

B
1 in fashion   2 gain weight   3 in private   4 in sight

C
1 what is worse   2 bear resemblance to   3 lose one's way
4 in substance   5 free of charge   6 kill oneself

346~347p 해답

A
1 ~하는 편이 좋다   2 야심가   3 잘있어!   4 그거 참 안됐다.   5 적절한 예

B
1 그녀는 틀림없이 너한테 돌아올 꺼야
2 그는 유머가 있어서 항상 우리들을 기쁘게 해준다.
3 그의 성공은 근면한 결과이다.
4 영어를 정복하는 데에 지름길은 없다.
5 창문을 닫아도 괜찮겠습니까?

C
1 He did the work with pleasure.
2 They returned from their trip safe and sound.
3 Let me give you a case in point.
4 His condition is much the same as yesterday.
5 They were working like so many ants.
6 It looks like rain.

D
1 no less / than   2 no / but   3 mind you   4 How about

회화를 살리는 **영어표현 1300**

1판 1쇄 인쇄 | 2017년 2월 5일
1판 1쇄 발행 | 2017년 2월 10일

엮은이 | 영어교재연구원　**펴낸이** | 윤다시　**펴낸곳** | 도서출판 예가
주소 | 서울시 영등포구 영신로 45길 2　**전화** | 02)2633-5462　**팩스** | 02)2633-5463
이메일 | yegabook@hanmail.net　**블로그** | http://blog.daum.net/yegabook
등록번호 | 제 8-216호

ISBN | 978-89-7567-588-1　13740

※ 잘못된 책은 바꿔드립니다.
※ 인지는 저자와의 합의하에 생략합니다.
※ 가격은 표지 뒷면에 있습니다.